# Siapakah Yesus Itu?

*Greg Gilbert*

"Yesus bertanya kepada murid-murid-Nya, 'Menurutmu, siapakah Aku ini?' Ini adalah pertanyaan yang harus dijawab oleh setiap dari kita. Dengan cara yang mudah dibaca dan ringkas, Greg Gilbert menggali halaman-halaman Alkitab untuk mempertimbangkan klaim-klaim kebenaran Kristus mengenai diri-Nya. Buku ini adalah bahan bacaan yang penting bagi orang Kristen dan para pencari kebenaran."

**Jim Daly,** Ketua, Focus on the Family

"Aset terbesar Greg adalah kemampuannya untuk menyederhanakan hal-hal yang penting dan rumit. Seperti halnya buku *Apakah Injil itu?* menolong kita untuk membedakan Injil yang sejati dengan Injil yang salah, begitu pula buku *Siapakah Yesus Itu?* menolong kita untuk membedakan Kristus sebagaimana Ia memperkenalkan diri-Nya dengan citra Kristus menurut dunia."

**J. D. Greear,** Pendeta Utama, The Summit Church, Durham, Carolina Utara; penulis buku, *Jesus, Continued... Why the Spirit Inside You Is Better than Jesus beside You*

"Tidak ada pertanyaan yang lebih penting di seluruh alam semesta selain siapakah Yesus itu? Greg Gilbert, dengan pikirannya yang cemerlang dan hati seorang gembala, menjawab pertanyaan tersebut selangkah demi selangkah di dalam buku yang penuh wawasan dan mudah dibaca ini. Entah Anda seorang skeptis yang pertama kali menggumulkan hal-hal yang dibahas di dalam buku ini, atau Anda orang Kristen yang sudah lama percaya, buku ini akan mendorong Anda ke tempat yang perlu kita semua tuju: kemuliaan Allah dalam wajah Yesus Kristus."

**Russell D. Moore,** Ketua, The Ethics & Religious Liberty Commission; penulis buku, *Tempted and Tried*


"Sebagai buku yang jelas bersifat kristiani, tetapi lebih dari sekadar sopan dan ramah terhadap para skeptis, buku ini akan menolong Anda memikirkan tentang Yesus dengan saksama. Gilbert memberi penjelasan yang baru atas adegan-adegan yang kita kenal di dalam Injil, dan menggabungkan fakta dengan signifikansinya. Buku ini disusun dengan cermat, jelas dalam isinya, dan penuh dengan teologi alkitabiah yang indah. Buku ini adalah undangan bagi Anda untuk datang dan mengenal Yesus sendiri."

**Mark Dever,** Pendeta, Capitol Hill Baptist Church, Washington, DC; Ketua, 9Marks

"Buku ini melakukan dua hal sekaligus: menempatkan Yesus dalam konteks zaman yang dihidupi-Nya, dan menunjukkan kepada kita mengapa Ia tidak boleh dikurung di dalam konteks itu. Buku ini ditujukan bagi orang-orang yang belum pernah merenungkan tentang Yesus atau yang mengira sudah mengenal Dia sebaik-baiknya."

**Timothy George,** Dekan Pendiri, Beeson Divinity School; editor umum, *Reformation Commentary on Scripture*

"Buku kecil ini akan menjadi alat yang hebat untuk memperkenalkan orang-orang, termasuk para atlet yang saya latih, kepada Pribadi paling mengagumkan yang pernah hidup."

**Coach Ron Brown,** University of Nebraska Cornhuskers

"Saya selalu mencari sebuah buku yang singkat tetapi jelas tentang Yesus, yang bisa saya taruh di tangan orang yang benar-benar ingin mengenal siapa Dia dan apa yang pernah dilakukan-Nya. Sekarang saya memiliki buku *Siapakah Yesus Itu?* Greg Gilbert benar: 'Kisah Yesus bukanlah kisah tentang seorang yang baik. Itu adalah kisah perjalanan seorang Pengklaim takhta raja kepada Takhta itu.' Pikirkan baik-baik bukti-bukti yang disajikan di dalam buku ini dan lihatlah kemana Anda dibawanya."

**Daniel L. Akin,** Ketua, Southeastern Baptist Theological Seminary

# Siapakah Yesus Itu?

Greg Gilbert

OMID
PUBLISHING HOUSE

Untuk
Justin, Jack, dan Juliet

**SIAPAKAH YESUS ITU?**
*Oleh: Greg Gilbert*

*Who Is Jesus?*
Copyright © 2015 by Gregory D. Gilbert
Published by Crossway
1300 Crescent Street
Wheaton, Illinois 60187, U.S.A.
This edition published by arrangement with Crossway.
All rights reserved.

Penerjemah : Phillip Manurung
Editor: Euodia Yosephin
Pagination: Edvanio Silva
Cover design: Matthew Wahl

Diterbitkan oleh:
Omid Publishing House
Apt. Menara Kebon Jeruk Ruko I
Jl. Arjuna Utara no. 16
Jakarta Barat 11510
Telp: 021-5694-5506
Email : omidmedia@gmail.com

9Marks ISBN: 978-1-958168-06-6

# DAFTAR ISI

# KATA PENGANTAR

Pernahkah Anda salah menyapa seseorang? Suatu kali saya menghadiri sebuah pesta bersama sahabat saya di SMU. Kami baru saja tiba ketika kami melihat teman kami, Nicole, berdiri di sebuah sudut ruangan sambil menikmati suasana. Kami baru saja menghabiskan waktu bersama Nicole dan temannya yang sedang hamil pada hari sebelumnya, sehingga kami memutuskan untuk menghampiri dan menyapa. Sembari sahabat saya menyapa Nicole, ia mengusap perut temannya sambil tersenyum, dan bertanya dengan serius, "Bagaimana kabar bayimu?" Masalahnya adalah itu ternyata temannya yang berbeda; dan ia tidak sedang hamil. Ya ampun, saya beruntung bukan saya yang menyapa terlebih dahulu.

Salah mengenali seseorang bisa sangat memalukan (dan lucu). Ada risiko kita terlihat bodoh atau menyinggung orang lain; maka, ada baiknya kita memastikan dulu sebelum mulai berbicara.

Buku yang ada di tangan Anda adalah tentang mengenali identitas seseorang tetapi jauh lebih berisiko. Bila kita berbicara tentang Yesus, kita berada dalam ranah yang sama sekali berbeda daripada sekadar mengenali sahabat atau rekan kerja yang lama. Bila kita salah mengenali identitas Yesus, itu lebih dari sekadar memalukan; itu sebuah tragedi.

Itulah sebabnya Greg Gilbert mengatakan sejak semula bahwa judul dari buku ini, *Siapakah Yesus Itu?* adalah pertanyaan terpenting yang bisa kita ajukan. Itu mungkin terdengar konyol bagi para pencari kebenaran, orang-orang skeptis, dan mungkin beberapa orang Kristen, tetapi jika Anda terus membaca, Anda akan menyadari mengapa pertanyaan itu penting. Kita tentu tidak akan berjumpa dengan sang Raja Damai di pinggir jalan atau di sebuah pesta; jadi, ini bukan soal mencocokkan nama dengan wajah. Ini tentang menanggapi Dia dengan penuh hormat dan percaya.

Sebagai contoh, Greg menulis, "Setelah Anda mulai mengerti bahwa Yesus adalah Allah, dan Ia tinggal dalam relasi yang unik dan eksklusif dengan Allah Bapa, Anda juga mulai mengerti bahwa jika Anda ingin mengenal Allah yang telah menciptakan Anda, maka Anda perlu mengenal Yesus. Tidak ada jalan lain."

Jika Yesus hanya seorang manusia, maka mengenal Dia tidak akan membuat perbedaan apa pun. Namun, jika Yesus adalah Anak Allah, dan satu-satunya Juruselamat dunia, maka mengenal-Nya akan mengubah segalanya.

Terlalu sering kita salah mengenali Yesus dengan orang lain; sekadar guru agama atau nabi yang lain. Semua gambaran itu tidak cukup. Maka, di dalam buku ringkas yang penting ini, Greg menolong kita untuk memikirkan dengan benar siapa sebenarnya Yesus itu.

Saya menyukai buku *Siapakah Yesus Itu?* karena menggugah keterlibatan kita. Saya benar-benar menikmatinya. Buku ini cukup sederhana untuk dibaca oleh siapa pun, dan membahas pertanyaan-pertanyaan yang sah. Saya juga menyukai buku ini karena banyak mengandung ayat-ayat Alkitab. Greg tidak berusaha mengkhayalkan cara baru dalam melihat Yesus. Ia hanya tertarik pada kebenaran sejarah yang nyata. Siapakah Yesus ini, dan mengapa Ia penting? Alih-alih mendengar para sejarawan yang tidak pernah menyaksikan-Nya, Greg berfokus pada laporan dari para saksi mata yang sungguh mengenal-Nya. Ia berfokus pada firman Allah. Ini menjadikan buku ini berotoritas dan dapat mengubahkan hidup.

Yesus menyampaikan beberapa klaim yang radikal, dan Ia

pribadi yang paling dibicarakan di sepanjang sejarah manusia. Ia mengklaim diri sebagai siapa? Dan, apakah Ia benar-benar seperti itu? Saya tidak dapat mengingat buku tipis lain yang dapat menolong Anda menjawab pertanyaan-pertanyaan itu selain buku ini. Saya yakin, Anda akan diberkati olehnya seperti saya telah diberkatinya.

Trip Lee
Penyanyi rap; Pendeta; Penulis buku,
*Rise: Get Up and Live in*
*God's Great Glory*

# 1
# BAGAIMANA MENURUT ANDA?

### Siapakah Yesus itu?

Mungkin Anda tidak pernah benar-benar memikirkan pertanyaan itu. Dalam hal tertentu, itu sangat dapat dimaklumi. Lagipula, kita sedang berbicara tentang Seorang yang lahir pada abad pertama dari sebuah keluarga Yahudi yang bermata pencaharian tukang kayu. Ia tidak pernah memegang jabatan politis tertentu, memerintah suatu bangsa, atau memimpin pasukan tentara. Ia bahkan tidak pernah bertemu dengan kaisar Romawi. Selama tiga setengah tahun, Pria sederhana itu hanya mengajar etika dan spiritualitas kepada orang-orang, membaca dan menjelaskan kitab suci orang Yahudi kepada umat Yahudi, dan jika laporan-laporan saksi mata dapat dipercaya, Ia juga melakukan beberapa mukjizat. Namun, Yesus menjadi korban dari pemerintah pada zaman-Nya, dan tidak lama setelah Ia memulai pelayanan publik-Nya, Ia dihukum mati di kayu salib atas perintah gubernur setempat.

Semua itu terjadi kira-kira dua ribu tahun yang lalu. Jadi, mengapa kita masih membicarakan tentang Dia? Mengapa Pria ini tidak bisa kita hindari?

### Beri Dia Kesempatan

Terlepas dari apa yang Anda pikirkan tentang Dia, kita semua setuju bahwa Yesus adalah sosok Pribadi yang menonjol di dalam sejarah dunia. Seorang sejarawan terkemuka melukiskan pengaruh Yesus seperti ini: "Seandainya kita bisa, dengan sebuah magnet berkekuatan super, menarik keluar setiap logam yang setidaknya tertera nama-Nya dari sejarah manusia, berapa banyak kira-kira sejarah yang akan tersisa?"[1] Itu sebuah pertanyaan yang bagus, dan jawabannya mungkin, "Tidak banyak!"

Namun, bukan hanya Yesus tidak terhindarkan di dalam sejarah. Ia juga tidak terhindarkan dalam cara yang lebih pribadi. Coba pikirkan: Anda mungkin setidaknya memiliki satu atau dua kenalan yang mengaku Kristen. Mungkin mereka juga rutin pergi ke gereja dan menyanyikan pujian kepada Yesus. Jika Anda mendesak mereka, mereka mungkin akan berkata bahwa mereka memiliki *hubungan pribadi* dengan-Nya, dan mereka mengatur hidup mereka sesuai dengan kehendak-Nya. Tidak hanya itu; kota Anda mungkin diisi dengan berbagai macam gedung gereja. Beberapa dari gedung itu mengadakan persekutuan pada hari Minggu; yang lain mungkin sudah tidak lagi menjadi gereja. Namun, intinya adalah ke mana pun Anda melihat, Anda pasti melihat hal-hal yang mengingatkan Anda kepada Pria yang hidup dua ribu tahun yang lalu itu. Semua kenyataan itu memaksa kita untuk bertanya: siapakah Yesus itu?

Pertanyaan itu tidak mudah untuk dijawab, terutama karena masyarakat kita belum mencapai kesepakatan tentang siapa Yesus itu. Memang, tinggal sedikit saja yang meragukan bahwa Ia pernah ada. Kenyataan-kenyataan mendasar tentang hidup-Nya—di mana dan kapan Ia hidup; bagaimana Ia mati—telah disetujui secara umum. Namun, masih ada banyak perdebatan, bahkan di antara orang-orang yang mengaku Kristen, mengenai *signifikansi* dari kehidupan dan kematian-Nya. Apakah Ia seorang nabi? Atau guru? Atau sesuatu yang sama sekali berbeda? Apakah Ia Anak Allah? Atau cuma seorang yang mempunyai karunia khusus? Dan, siapa Dia menurut diri-Nya sendi-

---

1  Jaroslav Pelikan, *Jesus through the Centuries: His Place in the History of Culture* (Yale University Press, 1999), 1.

ri? Kematian-Nya di tangan pemerintah Romawi; apakah itu bagian dari rencana-Nya sejak semula, atau apakah Ia sekadar terjebak dalam tempat dan waktu yang salah? Lalu, ada sebuah pertanyaan yang terpenting dari semuanya: Setelah Yesus dihukum mati, apakah Ia tetap mati seperti kita, ataukah Ia hidup lagi?

Terlepas dari semua perdebatan itu, setiap orang tampaknya menyetujui satu hal: Yesus adalah seorang Pribadi yang luar biasa. Ia melakukan dan mengatakan hal-hal yang tidak dikatakan dan dilakukan oleh orang-orang secara umum. Selain itu, hal-hal yang dikatakan oleh Yesus bukan sekadar amsal-amsal bijaksana atau mutiara-mutiara etika yang keren. Kata-kata-Nya bukan sekadar nasihat tentang bagaimana kita bisa hidup lebih baik di dunia. Tidak; Yesus mengatakan hal-hal seperti, "Aku dan Bapa [maksud-Nya ialah Allah] adalah satu", dan, "Barangsiapa telah melihat Aku, ia telah melihat Bapa." Dan, mungkin yang paling mengejutkan dari semuanya, "Tidak seorang pun yang datang kepada Bapa, kalau tidak melalui Aku."[2]

Apakah Anda mengerti maksud saya? Orang-orang awam tidak mengatakan hal-hal semacam itu! Aku dan Allah adalah satu? Tidak ada yang sampai kepada Allah kecuali melalui Aku? Itu bukan ajaran-ajaran etika yang bisa Anda pilih mau diterapkan atau tidak. Semua itu adalah *klaim*. Itulah yang dianggap Yesus sebagai *kebenaran*.

Tentu saja, Anda bisa menerima perkataan-Nya, atau tidak. Anda bisa saja menolaknya mentah-mentah. Namun, coba pikirkan: Bukankah masuk akal bila kita tidak cepat-cepat melakukannya? Bukankah masuk akal bila kita mencoba memahami Pria itu sebelum Anda membuang jauh-jauh apa yang dikatakan-Nya? Izinkan saya mengajukan sebuah permintaan, karena Anda telah berkenan membaca buku ini: Beri Yesus kesempatan! Mungkin saja sembari Anda

---

2 Yoh. 10:30; 14:6.

mempelajari Dia lebih banyak, Anda akan menyadari bahwa sebenarnya ada beberapa alasan yang baik untuk memercayai apa yang Ia katakan—tentang diri-Nya, tentang Allah, dan tentang *Anda* sendiri.

### Kemanakah Anda Harus Pergi untuk Belajar tentang Yesus?

Jadi, bagaimana Anda bisa mengenal Pria yang hidup dua ribu tahun yang lalu? Sekali pun Anda mulai dengan percaya kepada kebangkitan Yesus, bukan berarti kita mengetuk pintu surga, lalu duduk dan minum kopi bersama Yesus. Jadi, ke mana Anda harus pergi untuk belajar tentang Yesus? Banyak dokumen sejarah memuat rujukan kepada keberadaan, kehidupan, kematian, dan bahkan kebangkitan Yesus, dan Anda mungkin dapat memperoleh satu atau dua hal mengenai-Nya di sana. Namun, kebanyakan dari dokumen-dokumen tersebut memiliki beberapa masalah. Banyak dari dokumen-dokumen itu ditulis belakangan—terkadang ratusan tahun setelah Yesus—sehingga dokumen-dokumen itu tidak dapat menolong kita untuk mengenal siapa Dia *sesungguhnya*. Tidak hanya itu, tetapi dalam kebanyakan kasus, bahkan dokumen-dokumen yang terbaik tidak berbicara banyak tentang Dia. Dokumen-dokumen itu lebih menekankan persoalan-persoalan yang lain, dan hanya menyinggung sedikit tentang Yesus ketimbang memberi tahu secara detail mengenai Dia.

Namun, ada satu perbendaharaan informasi tentang Yesus, yaitu catatan-catatan yang rinci, pribadi, berdasarkan saksi mata, tahap demi tahap tentang apa yang pernah Ia lakukan, dan siapa Dia. Itulah Alkitab.

Tunggu dulu sebelum Anda menutup buku ini! Saya tahu beberapa orang akan segera mundur begitu Alkitab disebutkan karena mereka menganggapnya sebagai "buku orang Kristen," dan karenanya, itu bias dan tidak berguna dalam memperoleh informasi yang akurat. Jika itu yang Anda pikirkan, maka percaya atau tidak, menurut saya, Anda setengah benar. Alkitab memang adalah buku orang Kristen. Tidak diragukan, dokumen-dokumen Perjanjian Baru yang mengisi bagian kedua dari Alkitab ditulis oleh orang-orang yang meyakini apa yang dikatakan Yesus, dan mereka juga percaya bahwa dokumen-dokumen Perjanjian Lama menantikan kedatangan-Nya. Mereka orang-orang percaya. Itu tidak dapat disangkal. Namun, *bukankah* itu berarti orang-orang itu memiliki agenda tersembunyi? Coba pikirkan: Apa kira-kira agenda mereka? Untuk membuat diri mereka terkenal? Untuk menghasilkan uang? Untuk menjadi pemimpin gereja yang kaya? Anda bisa saja menduga banyak hal. Namun, jika memang itu tujuan mereka, maka rencana mereka telah gagal sama sekali. Kebanyakan dari orang-orang yang menulis dokumen-dokumen Perjanjian Baru menyadari bahwa mereka bisa saja dibunuh karena apa yang mereka beritakan tentang Yesus. *Namun, mereka tetap memberitakannya.*

Apakah Anda memahami maksud saya? Jika tujuan Anda menulis hanya untuk memperoleh perhatian, untuk berkuasa, atau menjadi kaya, maka Anda tidak akan mempertahankan cerita karangan Anda bila kepala Anda terancam dipenggal. Satu-satunya kemungkinan Anda tetap bertahan dengan cerita Anda adalah jika tujuan Anda adalah *menyampaikan apa yang benar-benar terjadi.* Itulah yang kita dapatkan di dalam Alkitab—sebuah kumpulan laporan saksi mata dari orang-orang yang memercayai apa yang dikatakan Yesus, dan yang menulis banyak kitab untuk menyampaikan gambaran yang akurat tentang siapa Yesus, apa yang dikatakan-Nya, dan apa yang dilakukan-Nya. Jadi, bagaimana Anda akan mengenal Yesus? Cara terbaik adalah dengan membaca dokumen-dokumen tersebut, yaitu membaca Alkitab.

Orang-orang Kristen percaya bahwa Alkitab lebih dari sekadar kumpulan informasi terbaik yang dapat diperoleh mengenai Yesus. Mereka percaya bahwa itu adalah firman Allah, yang berarti Allah sendiri menuntun orang-orang tertentu untuk menulis apa yang hendak Ia sampaikan, supaya semua yang mereka tulis sungguh benar. Anda mungkin telah menduga hal ini, bahwa saya memercayai Alkitab.

Namun, itu mungkin terlalu jauh untuk Anda pahami sekarang. Tidak apa-apa. Sekalipun Anda tidak percaya bahwa Alkitab adalah firman Allah, dokumen-dokumen yang dimuatnya merupakan urusan sejarah. Dokumen-dokumen itu merupakan tulisan-tulisan dari orang-orang yang bermaksud untuk memberikan laporan yang akurat tentang Yesus. Jadi, kita harus memahaminya seperti itu. Ajukanlah pertanyaan-pertanyaan mengenainya, bacalah secara cermat dan kritis sama seperti Anda membaca dokumen-dokumen sejarah. Bertanyalah kepada diri Anda sendiri, "Apakah menurut saya ini benar, atau tidak?" Yang saya minta adalah agar Anda mencoba mendekati dokumen-dokumen tersebut dengan benar. Jangan sekadar menghempaskannya ke dalam kotak bertulisan "Sampah Agamawi," lalu memutuskan sejak awal bahwa semua itu konyol, primitif, dan keliru.

Orang-orang yang menulis dokumen-dokumen Perjanjian Baru adalah orang-orang yang pintar. Mereka adalah warga dari kekaisaran yang terkuat di muka bumi. Banyak dari mereka membaca karya-karya filsafat dan sastra yang masih kita baca di sekolah-sekolah pada hari ini. (Bahkan, mereka mungkin membaca kitab-kitab itu lebih cermat dan mendalam daripada Anda!) Selain itu, mereka dapat membedakan antara fakta dan fiksi. Mereka tahu apa itu khayalan dan tipuan, dan mereka tahu bagaimana mengenali kenyataan sejarah dan kebenaran. Kenyataannya, para penulis Perjanjian Baru mempertahankan perbedaan-perbedaan di antara fakta dan fiksi dengan lebih tajam daripada kita. Dan, apa yang Anda sadari ketika membaca tulisan-tulisan mereka adalah bahwa mereka meyakini apa yang mereka katakan menyangkut Yesus. Mereka *terkejut* atas peristiwa-peristiwa yang mereka alami, tetapi mereka memercayainya, dan mereka ingin agar orang lain juga memercayainya. Jadi, mereka menulis sambil berharap orang-orang akan membaca apa yang mereka tulis, mengenal Yesus sebagaimana mereka mengenal-Nya, dan menyadari bahwa Ia layak dipercaya.

Itulah yang juga saya harapkan dari buku kecil ini, yaitu agar Anda ditolong untuk mengenal Yesus melalui tulisan-tulisan orang-orang Kristen mula-mula. Kita tidak akan menyelidiki setiap halaman dari dokumen-dokumen itu. Sebaliknya, kita akan menggunakan semua sumber untuk mengenal Yesus dengan cara yang sama seperti orang-orang yang dulu mula-mula mengikut Dia. Mereka mengenal Dia sebagai Pria luar biasa yang melakukan hal-hal yang sama sekali tidak terduga, tetapi kemudian menyadari bahwa kata "luar biasa" pun tidak cukup untuk melukiskan-Nya. Dialah Orang yang mengklaim sebagai nabi, juruselamat, raja, bahkan Allah. Ia layak dicap sebagai orang gila atau tukang tipu seandainya Ia tidak terus melakukan mukjizat-mukjizat untuk mendukung klaim-klaim-Nya. Kemudian, kita juga harus mengingat cara-Nya memperlakukan orang-orang secara tidak terduga—belas kasihan kepada orang-orang yang tersisihkan, murka kepada penguasa, dan kasih kepada yang terkucilkan. Meski Yesus menyampaikan klaim-klaim itu, Ia tidak bertindak seperti raja atau allah. Ketika Ia ditawarkan mahkota, Ia menolaknya. Ia meminta murid-murid-Nya untuk menyimpan rahasia menyangkut jati diri-Nya, dan sebaliknya, Ia menyingkapkan rahasia bagaimana para penguasa akan menyalibkan Dia seperti penjahat. Namun, sekali lagi,

Ia berbicara seolah-olah itu semua adalah bagian dari rencana-Nya sejak semula. Perlahan-lahan, sembari mereka menyaksikan dan mendengar-Nya, murid-murid Yesus menjadi percaya bahwa Ia lebih dari sekadar manusia biasa. Ia lebih dari sekadar guru, atau nabi, atau seorang yang revolusioner, apalagi raja. Sebagaimana dikatakan oleh salah seorang murid-Nya pada suatu malam, "Engkau adalah Mesias, Anak Allah yang hidup."[3]

### Pertanyaan Terpenting yang Pernah Anda Pikirkan

Jadi, siapakah Yesus itu? Itu selalu yang menjadi pertanyaan. Sejak para gembala mengklaim bahwa para malaikat mengungkapkan kepada mereka tentang kelahiran-Nya, sampai pada hari Ia mencengangkan para murid dengan meneduhkan badai di atas danau, sampai kepada matahari berhenti bersinar pada waktu Ia mati, semua orang selalu bertanya, "Siapakah Orang ini?"

Mungkin ketika Anda membaca buku ini, Anda belum banyak tahu tentang Yesus. Mungkin juga Anda sudah tahu sedikit. Yang mana pun, saya berharap sembari Anda membaca dan menyelidiki kehidupan-Nya, Anda akan mulai mengenal Dia dengan lebih baik— bukan sebagai sebuah topik akademis atau tokoh agamawi, melainkan sebagai sosok Pria yang dikenal orang-orang Kristen secara pribadi dan sebagai Sahabat. Saya harap Anda akan melihat apa yang mengejutkan mereka mengenai Dia, dan Anda akan memahami mengapa jutaan orang berkata, "Itulah Orang yang kepada-Nya saya memercayakan takdir kekal saya."

Selain itu, saya juga berharap buku ini akan menantang Anda untuk menerima klaim-klaim yang diucapkan Kristus secara serius. Ketika seseorang mengklaim diri sebagai Allah, Anda hanya memi-

---

3 Mat. 16:16.

liki dua pilihan, bukan? Anda bisa saja menolak klaim itu, atau Anda bisa saja menerimanya. Apa yang *tidak* dapat Anda lakukan adalah menangguhkan penilaian dan sekadar menanti hasil akhirnya. Yesus mengklaim beberapa hal yang luar biasa mengenai diri-Nya, dan juga mengenai Anda. Suka atau tidak, itu menghasilkan beberapa implikasi yang radikal bagi hidup Anda. Jadi, saya harap buku ini akan menantang Anda untuk memikirkan tentang Yesus secara mendalam, menolong Anda untuk melihat klaim-klaim dan implikasi-implikasi itu dengan lebih jelas, dan menuntun Anda kepada jawaban yang pasti terhadap pertanyaan "Siapakah Yesus itu?"

Sungguh, itu adalah pertanyaan terpenting yang akan Anda pikirkan.

# 2
# SEORANG YANG LEBIH
# DARI LUAR BIASA

Waktu itu Jumat pagi pukul 07:50 ketika seorang pria naik eskalator di sebuah stasiun bawah tanah yang ramai di kota Washington, DC. Ia berdiri menghadap dinding dan membuka sebuah koper biola. Ia mengeluarkan alat musik itu—tampak sudah tua dengan bagian punggungnya terkelupas di beberapa tempat—lalu membiarkan kopernya tetap terbuka untuk menerima donasi yang diberikan oleh para penumpang yang lalu lalang. Lalu, ia mulai memainkan musik.

Selama empat puluh lima menit, sembari pria itu memainkan sederet musik klasik, lebih dari seribu warga Washington yang sibuk bergegas melewatinya. Satu atau dua orang mengangguk-anggukkan kepala sambil berlalu, tetapi tidak ada orang yang berkerumun di sekitarnya. Seseorang, mungkin menyadari bahwa ia berangkat tiga menit terlalu cepat ke kantor, mengambil posisi bersandar di sebuah tiang dan mulai mendengar—persis selama tiga menit. Namun, kebanyakan orang melakukan urusan mereka masing-masing; membaca koran, mendengar iPod, atau setengah berlari menuju apa pun agenda mereka berikutnya.

Oh, musik itu sungguh indah. Itu memenuhi ruang dengar orang-orang, mengalun dengan ketepatan yang luar biasa, dan membuat beberapa orang mengira, setidaknya selama sepersekian detik, bahwa mereka benar-benar menyimak dengan saksama dan menyadari sesuatu yang spesial. Musisi itu sendiri tidak tampak spesial—berpakaian kaos lengan panjang, celana hitam, topi bisbol Washington Nationals. Meski begitu, jika Anda berhenti untuk mendengarnya, Anda mungkin akan memperhatikan bahwa adegan itu lebih dari sekadar seorang musisi memainkan biola demi sekumpulan uang receh. Sebagai seorang musisi, orang itu cukup mengagumkan. Seorang berkomentar bahwa "kebanyakan orang ketika memainkan musik, mereka tidak *merasakannya.* Orang itu *merasakannya.* Orang itu menggugah; ia masuk ke dalam musik." Seandainya Anda mau mendengarkan dengan serius, katanya, "Anda bisa mengatakan setelah satu detik bahwa orang itu jago."[4]

Anda seharusnya mendengar dengan serius karena itu bukan sekadar seorang musisi yang memainkan biola pada Jumat pagi di stasiun bawah tanah itu. Dan, orang itu bukan musisi yang sekadar jago. Ia adalah Joshua Bell, seorang begawan biola internasional berusia 39 tahun yang biasa bermain di tempat-tempat terhormat di dunia, di hadapan para penikmat seni yang begitu menghormatinya sehingga mereka rela menahan batuk sampai selesai satu lagu. Tidak hanya itu, tetapi pagi itu Bell memainkan sebuah komposisi musik *baroque* yang paling memukau yang pernah ditulis, dan ia memainkannya dengan sebuah biola Stradivarius berusia 300 tahun yang diperkirakan seharga 3,5 juta dollar!

Seluruh adegan itu dipersiapkan agar tampil sempurna: komposisi musik yang paling indah, dimainkan dengan alat musik yang paling cermat yang pernah dibuat, oleh salah satu musisi paling berbakat yang pernah hidup. Namun, Anda masih harus *berhenti dan memperhatikan* agar Anda benar-benar mengalami betapa indahnya adegan itu.

---

4  Gene Weingarten, "Pearls Before Breakfast," *The Washington Post,* April 2007.

### Lebih dari Luar Biasa

Hidup juga seperti itu, bukan? Di tengah-tengah hiruk pikuk pe-kerjaan, keluarga, pergaulan, tagihan, dan kesenangan dunia, hal-hal seperti keindahan dan keagungan terkadang tersisihkan dari pikiran kita. Kita tidak memiliki waktu untuk menghargainya karena itu akan menuntut kita untuk berhenti dan memperhatikan hal yang tidak mendesak.

Hal yang sama terjadi bila berkaitan dengan Yesus. Banyak dari kita hanya mengenal-Nya di permukaan. Mungkin kita mengetahui beberapa cerita yang paling terkenal mengenai Dia, atau kita bisa me-ngutip beberapa perkataan-Nya yang terkenal. Tidak diragukan, pada zaman-Nya ada sesuatu pada diri Yesus yang menarik perhatian orang-orang. Ia Seorang yang luar biasa. Namun, jika Anda benar-benar ingin mengenal Yesus—memahami Dia dan arti penting-Nya—Anda harus melihat lebih serius. Anda harus meninggalkan perdebatan-per-debatan yang biasa dan kisah-kisah yang umum untuk melihat jauh lebih dalam. Seperti pemain biola profesional di stasiun bawah tanah itu, adalah sebuah kesalahan tragis bila kita menganggap Yesus seka-dar Seorang yang luar biasa.

Mari kita jujur. Sekalipun Anda bukan orang yang "religious," sekalipun Anda tidak menerima gagasan bahwa Yesus adalah Anak Allah atau Juruselamat dunia, Anda harus mengakui bahwa Ia selalu menarik perhatian orang-orang. Berulang kali Ia melakukan hal-hal yang merebut perhatian orang-orang di zaman-Nya, mengatakan hal-hal yang membuat mereka takjub akan hikmat-Nya, dan bahkan menegur mereka sampai mereka tertegun.

Sekilas, kita mudah menganggap Yesus sekadar salah seorang dari ratusan guru agama yang muncul, naik daun, jatuh, lalu meng-hilang dari sejarah abad pertama Yerusalem. Ajaran agama pada

**29**

waktu itu tidak seperti saat ini. Orang-orang dulu mau mendengar agar mendapatkan wawasan baru, memahami Alkitab lebih baik, dan belajar cara untuk hidup benar. Namun, percaya atau tidak, mereka juga mendengar ajaran agama demi hiburan. Lagipula, jika Anda tidak memiliki film, televisi, gawai, apalagi yang dapat Anda lakukan untuk mendapatkan hiburan? Anda berkemas dan pergi mencari seorang pengkhotbah!

Sekalipun terdengar aneh, pemahaman itu akan menolong kita untuk memahami betapa jagonya Yesus sebagai guru. Karena orang-orang Israel abad pertama telah mendengar banyak guru, dan sering kali mereka memiliki pendapat yang tajam terhadap seorang guru seperti kita terhadap aktor film saat ini. Dengan kata lain, mereka tidak mudah untuk dibuat terkesan. Jadi, kita patut berhenti dan membayangkan apa yang terjadi ketika Alkitab berkali-kali mengatakan bahwa orang-orang "takjub" akan ajaran-ajaran Yesus.

Pernyataan semacam itu muncul tidak kurang dari sepuluh kali di dalam kitab-kitab Injil[5]—empat kitab yang menceritakan kehidupan Yesus. Inilah satu contohnya, yang dicatat oleh Matius setelah Yesus mengajar di sebuah bukit: "Dan setelah Yesus mengakhiri perkataan ini, takjublah orang banyak itu mendengar pengajaran-Nya, sebab Ia mengajar mereka sebagai orang yang berkuasa, tidak seperti ahli-ahli Taurat mereka."[6] Orang-orang berkata bahwa para ahli Taurat—mereka yang pekerjaannya adalah mengajar kitab suci—tidak dapat disetarakan dengan Yesus dan ajaran-ajaran-Nya. Selalu seperti itu ke mana pun Ia pergi dan setiap kali Ia mengajar.

Terkadang perasaan semacam itu diungkapkan dalam kata-kata yang berbeda. Perhatikan reaksi ketika Ia pertama kali berkhotbah

---

5  Mat. 7:28; 13:54; 19:25; 22:33; Mrk. 1:22; 6:2; 7:37; 10:26; 11:18; Luk. 4:32.

6  Mat. 7:28-29.

di kampung halaman-Nya: "Dan semua orang itu membenarkan Dia dan mereka heran akan kata-kata yang indah yang diucapkan-Nya."[7]

Dan, beginilah yang terjadi di sebuah kampung nelayan bernama Kapernaum: "Mereka takjub mendengar pengajaran-Nya, sebab Ia mengajar mereka sebagai orang yang berkuasa."[8].

Kembali di kampung halaman-Nya, dikatakan seperti ini: "Jemaat yang besar takjub ketika mendengar Dia dan mereka berkata: 'Dari mana diperoleh-Nya semuanya itu? Hikmat apa pulakah yang diberikan kepada-Nya?'"[9]

Kemudian pada "pertunjukan publik-Nya"—di kompleks Bait Suci di Yerusalem: "Imam-imam kepala dan ahli-ahli Taurat mendengar tentang peristiwa itu, dan . . . mereka takut kepada-Nya, melihat seluruh orang banyak takjub akan pengajaran-Nya."[10]

Berulang kali reaksi yang ditunjukkan orang-orang terhadap Yesus adalah ketakjuban, geleng-geleng kepala, dan manggut-manggut.[11] Di dalam sebuah budaya yang melihat khotbah sebagai salah satu hiburan yang utama, Yesus mendapatkan ulasan yang luar biasa.

### Mengapa Mereka Begitu Takjub?

Namun, mengapa? Apa yang begitu tidak biasa dan menarik perhatian orang-orang dari pengajaran Yesus? Sebagian itu disebabkan orang-orang menantang Dia dan mengajukan pertanyaan-pertanyaan kepada-Nya, Yesus membuktikan diri sebagai ahli strategi. Ia tidak dapat dijebak dalam perkataan atau pemikiran mereka. Ia selalu dapat membalikkan keadaan dan memojokkan penantang-Nya. Dan, Ia me-

---

7  Luk. 4:22.

8  Mrk. 1:22.

9  Mrk. 6:2.

10  Mrk. 11:18.

11  Baca juga Mat. 13:54; 22:22, 33.

lakukannya sedemikian rupa sehingga Ia tidak hanya memenangkan perdebatan, tetapi juga secara rohani menantang semua orang yang mendengar. Mari saya berikan Anda contoh.

Matius 22 menceritakan satu masa ketika Yesus sedang mengajar di kompleks Bait Suci di Yerusalem dan sekelompok pemimpin Yahudi mendekati-Nya untuk menantang Dia. Ini bukan sebuah pertemuan yang kebetulan. Para pemimpin itu telah merencanakan situasi tersebut; kisahnya bahkan dimulai dengan fakta bahwa orang-orang Farisi "berunding bagaimana mereka dapat menjerat Yesus dengan suatu pertanyaan." Mereka juga ingin melakukannya di depan umum, sehingga mereka maju sementara Yesus sedang mengajar, dan menyela-Nya.

Mereka mulai dengan menyanjung. "Guru," sapa mereka, "kami tahu, Engkau adalah seorang yang jujur dan dengan jujur mengajar jalan Allah dan Engkau tidak takut kepada siapa pun juga, sebab Engkau tidak mencari muka." Anda bisa melihat apa yang sedang mereka lakukan. Mereka mencoba memaksa Yesus menjawab dengan mengisyaratkan bahwa jika tidak demikian, maka Ia seorang tukang tipu atau orang gila.

Lantas, mereka mengajukan sebuah pertanyaan, "Katakanlah kepada kami pendapat-Mu: Apakah diperbolehkan membayar pajak kepada Kaisar atau tidak?"[12] Pasti dibutuhkan banyak waktu dan perencanaan untuk merumuskan pertanyaan itu, sebab itu sebuah pertanyaan yang rumit. Itu dirancang untuk mempermalukan Yesus sehingga pengaruh-Nya akan meredup, atau bahkan Ia akan ditangkap pemerintah Romawi. Pada masa itu, pandangan umum di kalangan Farisi—dan mereka juga mengajarkannya kepada orang-orang—adalah bahwa memberi hormat, termasuk dengan memberi pajak, kepada

---

12  Mat. 22:15-17.

penjajah adalah *dosa*. Mereka menganggap bahwa perbuatan itu tidak menghormati Allah. Jadi, coba bayangkan: Apa jawaban Yesus yang *diinginkan* orang-orang Farisi? Menyetujui pandangan mereka bahwa membayar pajak adalah dosa dan tidak menghormati Allah—atau tidak?

Kenyataannya, mereka tidak peduli apa pun jawaban-Nya. Mereka sudah mengatur agar setuju atau tidak, itu akan membuat Yesus kena masalah. Di satu sisi, jika Yesus menjawab, "Ya, membayar pajak itu wajib dilakukan," maka orang banyak akan marah dan citra Yesus akan rusak. Namun, di sisi lain, jika Ia berkata, "Tidak, jangan membayar pajak," maka Ia akan menghadapi murka pemerintah Romawi karena Ia menghasut pembangkangan massal. Ia akan dipenjara sehingga pengaruh-Nya berakhir. Yang mana pun, itulah hasil yang diharapkan orang-orang Farisi—akhir dari Yesus sebagai sebuah kekuatan budaya. Namun, Yesus dapat meloloskan diri dari jebakan mereka, dan bahkan membalikkan perangkap itu kepada mereka, dan membuat orang banyak takjub.

"Tunjukkanlah kepada-Ku mata uang untuk pajak itu," kata-Nya. Lalu seseorang menyerahkan sebuah koin. Yesus mengangkat koin itu tinggi-tinggi. "Gambar dan tulisan siapakah ini?" tanya-Nya. Itu sebuah pertanyaan yang mudah. "Gambar dan tulisan Kaisar," jawab mereka. Dan, mereka benar. Pada muka koin itu terdapat wajah dan nama Kaisar Tiberius. Itu berarti koin itu miliknya. Pada permukaannya terdapat wajah kaisar; itu dicetak atas perintah kaisar, dan orang-orang Yahudi sepertinya senang menggunakan koin-koin itu ketika mencari keuntungan. Karena itu, mengapa mereka tidak mengembalikan kepada kaisar apa yang jelas merupakan miliknya? Maka, Yesus berkata kepada mereka, "Berikanlah kepada Kaisar apa yang wajib kamu berikan kepada Kaisar dan kepada Allah apa yang wajib kamu berikan kepada Allah."[13]

Itu sepertinya sebuah jawaban yang jelas, bukan? *Koin itu milik kaisar; maka, bayarlah pajak!* Namun, Alkitab berkata bahwa ketika orang-orang mendengar perkataan itu, mereka takjub. Mengapa? Yesus baru saja meluruskan pola pikir orang-orang Yahudi menyangkut hubungan mereka dengan pemerintah Romawi dan sekaligus menghancurkan ajaran orang-orang Farisi. Bagaimana pun argumen mereka, memberi kepada kaisar apa yang jelas merupakan miliknya bukanlah tindakan yang tidak menghormati Allah.

Namun, ada kedalaman yang lain dari perkataan-Nya, dan itulah yang membuat mulut orang banyak ternganga. Pikirkan kembali pertanyaan yang diajukan Yesus sembari Ia mengunjukkan koin itu tinggi-tinggi. "Gambar dan tulisan siapakah ini?" tanya-Nya, dan ketika mereka menjawab bahwa itu milik kaisar, itu adalah bukti akan kepemilikannya. Gambar kaisar terdapat pada koin itu; maka, dialah pemiliknya, dan orang-orang harus mengembalikan kepada kaisar apa yang menjadi miliknya. Namun—inilah pokok ajaran Yesus—manusia harus memberikan kepada Allah apa yang menjadi milik-Nya. Artinya, Anda harus memberi kepada Allah apa yang padanya ada gambar-Nya. Apakah itu?

Tentu semua orang langsung menyadari. Yesus sedang berbicara tentang Kejadian 1:26-27. Ketika Allah mengumumkan rencana-Nya untuk menciptakan manusia, Ia berkata, "Baiklah Kita menjadikan manusia menurut gambar dan rupa Kita . . . Maka Allah menciptakan manusia itu menurut gambar-Nya, menurut gambar Allah diciptakan-Nya dia." Anda lihat? Yesus sedang berbicara kepada orang banyak mengenai sesuatu yang lebih penting daripada sebuah filsafat politik. Ia mengatakan bahwa sama seperti gambar kaisar pada koin

---

13 Mat. 22:19-21.

tersebut, demikian pula gambar Allah tercetak pada inti keberadaan kita. Karena itu, Anda adalah milik-Nya! Ya, ada kehormatan terten-tu yang diberikan kepada kaisar ketika Anda mengakui gambarnya dan memberikan koin yang menjadi miliknya. Namun, kemuliaan terbesar diberikan ketika Anda mengakui gambar Allah pada *diri Anda* dan memberikan diri Anda (hati, jiwa, pikiran, dan kekuatan) kepada-Nya.

Saya harap Anda dapat melihat apa yang sedang disampai-kan Yesus kepada para pendengar-Nya. Jauh lebih penting daripada semua diskusi tentang filsafat politik atau hubungan antarnegara ada-lah pertanyaan mengenai relasi setiap orang dengan Allah. Yesus mengajarkan bahwa kita semua dijadikan oleh Allah—bahwa *Anda* dijadikan oleh Allah. Anda diciptakan segambar dan serupa dengan Dia, dan karenanya, Anda adalah milik-Nya dan harus bertanggung jawab kepada-Nya. Karena itu, menurut Yesus, Anda harus memberi kepada Allah apa yang merupakan milik-Nya—tidak lain adalah diri Anda seutuhnya.

### Tidak Ada Orang Lain yang Melakukan Seperti Itu

Tidak heran orang-orang takjub atas ajaran Yesus. Dalam be-berapa kalimat saja Ia berhasil membungkam para penantangnya, mendefinisikan ulang teologi politik pada zaman-Nya, dan sekaligus menjabarkan kenyataan yang paling mendasar dari keberadaan ma-nusia. Ajaran semacam itu cukup untuk menarik kerumunan banyak orang.

Kemudian, ada pula mukjizat. Ratusan orang menyaksikan de-ngan mata kepala mereka sendiri bagaimana Yesus melakukan hal-hal yang tidak dapat dilakukan manusia. Ia menyembuhkan orang sakit; Ia mengubah air menjadi anggur yang sedap; Ia membuat orang lumpuh berjalan lagi; Ia mengembalikan kewarasan orang yang kerasukan dan menjadi gila. Ia bahkan menghidupkan orang yang sudah mati.

Itu bukan karena orang-orang pada zaman itu sangat mudah dibodohi. Memang mereka hidup pada zaman yang lampau, tetapi itu tidak berarti mereka primitif atau bodoh. Mereka tidak berjalan ke mana-mana mengklaim melihat mukjizat setiap hari. Itulah sebabnya mengapa setiap kali Anda membaca cerita tentang mukjizat di dalam Injil, orang-orang terbelalak melihatnya. Mereka *terkejut* demi menyaksikan Yesus melakukan hal-hal itu! Malahan pada zaman itu, karena begitu banyak orang berusaha menjadi guru agama yang terkenal, orang-orang Yahudi abad pertama menjadi sangat ahli dalam mengenali penipu dan tipuannya. Mereka ahli dalam membedah ilusi pesulap dan mereka akan menggelengkan kepala sambil tertawa bila mereka melihat seseorang berusaha menjual tipuannya sebagai "mukjizat." Anda tidak akan menyebut orang-orang itu mudah dibodohi.

Namun, Yesus membuat mereka takjub. Tidak seperti yang lain, Pria yang satu itu benar-benar luar biasa. Orang lain mencoba mengeluarkan kelinci dari dalam topi. Pria itu menyembuhkan ratusan orang, bahkan sampai-sampai Ia sendiri kelelahan dan harus tidur. Ia mengambil lima ketul roti dan dua ekor ikan untuk memberi makan lima ribu orang—tentu saja lima ribu orang itu seketika menjadi saksi mata atas peristiwa itu. Ia berhenti di depan seorang laki-laki yang telah lumpuh selama puluhan tahun lalu menyuruh orang itu bangun dan berdiri, dan orang itu langsung berdiri. Yesus berdiri di atas buritan perahu dan menyuruh danau yang bergejolak agar tenang, dan danau pun tenang. Ia berdiri di depan makam seorang laki-laki sahabat-Nya yang telah mati selama empat hari dan memanggilnya ke luar. Mayat itu mendengar suara-Nya, menjadi hidup, dan keluar dari makam.[14]

Tidak ada orang yang pernah melakukan seperti itu. Sekali pun tidak. Maka, orang-orang menjadi takjub.

### Semua Itu demi Sebuah Tujuan

Namun, ada yang lebih daripada itu. Jika Anda sungguh-sungguh memperhatikan, jika Anda mengamati lebih dari sekadar keajaiban-Nya dan mulai mengajukan pertanyaan yang lebih mendalam tentang *mengapa* Yesus melakukan semua itu, Anda mulai dapat melihat bahwa semua itu dilakukan demi sebuah tujuan.

Dengan setiap mukjizat-Nya, dan di dalam setiap khotbah-Nya, Yesus memberi dan mendukung klaim tentang diri-Nya yang tidak pernah diberikan oleh manusia sebelumnya. Ambil contoh misalnya khotbah Yesus yang paling terkenal, yaitu Khotbah di Bukit di dalam Matius 5-7. Sepintas, itu seperti khotbah yang bertele-tele, moralistis, banyak aturan. Jangan bersumpah; jangan berzinah; jangan mengingini; jangan marah. Namun, silakan baca sekali lagi, maka Anda akan menyadari bahwa panduan untuk berperilaku yang baik bukanlah pokok ajaran-Nya. Khotbah di Bukit terutama mengenai Yesus yang memberi klaim yang berani bahwa Ia *berhak menafsirkan Hukum Perjanjian Lama Israel*. Ia memberi makna dan alasan mengapa itu diberikan pada mulanya! Itulah sebabnya berkali-kali Ia berkata di dalam khotbah itu, "Engkau telah mendengar . . . tetapi *Aku* berkata kepada-Mu."[15] Penekanan-Nya adalah pada kata *Aku*. Ia memberi klaim yang berani bahwa Ia adalah Pembuat Hukum yang sah bagi bangsa Israel. Selain itu, perhatikan *di mana* Ia memberi klaim itu: Ia sengaja menyampaikannya di atas sebuah bukit, dan sebagaima-

---

14  Mat. 8:24-27; 9:6-7; 14:13-21; Yoh. 11:43.

15  Mat. 5:21-44.

na yang diingat oleh orang-orang Israel, sang Pemberi-Hukum yang agung (Allah) memberi kepada umat Israel Hukum Perjanjian Lama dari puncak gunung Sinai.[16] Anda lihat? Yesus sedang mengklaim otoritas yang mencengangkan bagi diri-Nya yang tidak berani diklaim siapa pun.

Kemudian perhatikan juga apa yang dikatakan-Nya di depan makam sahabat-Nya kepada Marta, saudari almarhum: "Saudaramu akan bangkit." Marta menghargai pengingat itu. "Aku tahu," jawabnya, "bahwa ia akan bangkit pada waktu orang-orang bangkit pada akhir zaman." Dengan kata lain, Marta berkata, "Ya, ya, aku tahu; terima kasih atas pengingatnya; itu memberi penghiburan bagi saya dalam masa-masa ini." Namun, ia tidak mengerti apa yang dimaksud Yesus. Akan cukup mengejutkan jika Yesus berkata kepadanya pada waktu itu, "Tidak, maksud-Ku adalah ia akan hidup kembali dalam beberapa menit ketika Aku menyuruhnya bangkit." Namun, Ia mengatakan lebih dari itu. Ia berkata, "*Akulah* Kebangkitan. *Akulah* Hidup."[17] Jangan lewatkan itu! Ia tidak berkata "Aku *dapat memberi* hidup," melainkan "*Akulah* Hidup!"

Aneh, mengapa ada orang yang mengatakan hal seperti itu? Orang macam apa yang mendengar sahabatnya berkata dengan takjub, "Engkau adalah Mesias, Anak Allah yang hidup" lalu menjawabnya dengan "Tepat sekali; dan Allah sendiri yang memberitahukan hal itu kepadamu?" Orang macam apa yang ketika ditanya pemimpin bangsanya, "Apakah Engkau Mesias, Anak Allah?" menjawab, "Akulah Dia . . . mulai sekarang kamu akan melihat Anak Manusia duduk di sebelah kanan Yang Mahakuasa dan datang di atas awan-awan di langit."[18]

---

16  Kel. 19:16-20.

17  Baca Yoh. 11:23-25.

18  Baca Mat. 16:16-17; 26:63-64.

Ia bukan pria sembarangan—yang sekadar ingin diakui sebagai guru agama yang jago, atau dihormati sebagai orang yang baik, atau diingat sebagai seorang filsuf yang berpengaruh. Itu jelas. Seorang yang berbicara tentang dirinya dalam istilah-istilah itu mengklaim sesuatu yang jauh lebih besar, lebih mulia, dan lebih luar biasa daripada itu. Itulah yang dilakukan oleh Yesus; setidaknya kepada orang-orang yang memperhatikan.

Ia mengklaim diri sebagai Raja atas Israel dan Raja atas seluruh umat manusia.

# 3
# RAJA ATAS ISRAEL,
# RAJA ATAS SEGALA RAJA

Adalah William Shakespeare, pada tahun 1597, yang meriwayatkan bahwa Raja Henry IV mengeluhkan tugas-tugas kerajaannya. "Berapa ribu dari rakyatku yang malang," ratap sang raja, "yang tertidur pada jam ini!"[19] Ia bertanya-tanya mengapa sang Tidur lebih suka tinggal di gubuk orang miskin daripada di istana raja, dan mengaruniakan istrahat total kepada bocah pelaut yang diombang-ambingkan oleh gelombang laut tetapi menahannya dari seorang raja yang memiliki segala kenyamanan. "Kegelisahan menaungi kepala yang mengenakan mahkota!" seru Henry.[20]

Penggalan drama yang ditulis oleh Shakespeare itu begitu menarik perhatian karena menawarkan ironi yang tragis. Para raja memiliki segalanya; mereka kaya dan berkuasa, memiliki pasukan untuk melindungi mereka, istana yang nyaman untuk menaungi mereka, dan para pelayan untuk melaksanakan segala kehendak mereka. Siapa yang tidak menginginkan semua itu? Namun, jika Anda mempelajari sejarah, maka Anda akan tahu bahwa Raja Henry benar. Bukannya selalu menikmati hidup yang nyaman dan mewah, status raja biasanya disertai dengan kegelisahan, kecemasan, bahkan ketakutan. Setelah Anda mengenakan mahkota itu, tugas selanjutnya adalah mempertahankannya, dan banyak raja yang terlambat menyadari betapa sulit dan berbahayanya tugas itu!

---

19 William Shakespeare, *The History of Henry IV*, Bagian 2, babak 3, adegan 1.
20 Ibid.

Terlepas dari hal itu, Anda dapat mengatakan bahwa ada jenis orang lain yang pikirannya lebih gelisah daripada seorang raja. Itulah Orang yang *mengklaim* dirinya raja, padahal tidak ada yang mengakuinya. Sejarah tidak ramah terhadap orang-orang yang mengklaim mahkota yang tidak dimilikinya. Memang ada kemungkinan orang itu berhasil, tetapi akibatnya bila gagal sangat mengerikan. Jika Anda orang yang berambisi menjadi raja tetapi gagal, Anda tidak bisa sekadar berkata "maaf" lalu melanjutkan hidup Anda. Besar kemungkinan Anda akan kehilangan kepala Anda yang Anda harapkan akan mengenakan mahkota!

Satu hal yang membuat kehidupan Yesus sangat menarik adalah kenyataan bahwa Ia bertikai hebat dengan para penguasa di zaman-Nya. Ia seorang tukang kayu miskin dari sebuah kota pedesaan di wilayah Israel sebelah Utara yang berseberangan bukan hanya dengan para pemimpin bangsa-Nya, tetapi juga dengan pemerintah Romawi yang menjajah mereka. Itu saja sudah cukup untuk memberi tahu kita bahwa kita tidak hanya melihat sosok guru agama, yang sekadar mengatakan peribahasa-peribahasa bijak tentang kehidupan. Kita juga tidak sekadar berurusan dengan seorang filsuf moral atau ahli etika. Tidak; sembari Yesus dipermalukan dan sekarat di atas kayu salib Romawi, tulisan yang tergantung di atas kepala-Nya—untuk mengolok-olok Dia dan seluruh bangsa jajahan itu—menuduh, "Inilah Yesus, raja orang Yahudi."[21]

Kisah tentang Yesus bukanlah kisah tentang seorang yang baik. Itu sebuah kisah seorang pengklaim takhta raja.

### Takhta Raja Israel Tidak Lagi Kosong

Menurut Alkitab, Yesus memulai pelayanan publik-Nya pada

---

21 Mat. 27:37.

hari Ia dibaptis di Sungai Yordan oleh seorang yang dikenal dengan nama Yohanes Pembaptis.

Yohanes telah berkhotbah selama berbulan-bulan bahwa orang-orang Israel harus bertobat dari dosa-dosa mereka karena katanya, Kerajaan Allah—pemerintahan Allah di muka bumi—"sudah dekat."[22] Dengan kata lain, raja pilihan Allah akan segera dinyatakan, dan orang-orang harus mempersiapkan diri untuk menyambut kedatangannya. Sebagai tanda pertobatan, Yohanes memerintahkan agar mereka dicelupkan di sungai itu, untuk melambangkan pembasuhan mereka dari dosa dan kesalahan. Kenyataan bahwa Yesus dibaptis dengan cara yang sama penuh dengan makna, dan kita akan merenungkannya nanti. Sekarang, cukuplah bagi kita untuk memperhatikan bahwa ketika Yohanes Pembaptis melihat Yesus berjalan ke arahnya, ia segera tahu bahwa *inilah* Dia yang telah ia khotbahkan selama ini. "Lihatlah," katanya, "Anak domba Allah, yang menghapus dosa dunia."[23]

Inilah intinya: Yohanes tahu bahwa Kerajaan Allah akan segera didirikan di muka bumi. Itulah inti dari khotbah-khotbahnya. Dan sekarang, ia sendiri sedang menunjuk kepada Yesus sebagai Raja dari Kerajaan itu. Bahkan, ini bukan sekadar keyakinan pribadi Yohanes. Menurut Yesus sendiri, Yohanes adalah nabi terakhir dari Perjanjian Lama, yang mengakhiri deretan panjang orang-orang pilihan yang tujuan utamanya adalah mengarahkan mata bangsa itu kepada Raja sejati yang diutus Allah untuk menyelamatkan mereka dari dosa-dosa mereka. Sekarang Yohanes mengatakan bahwa saat itu telah tiba. Sang Raja telah datang.

Anda mungkin tahu apa yang terjadi selanjutnya. Alkitab berka-

---

22  Mat. 3:2.

23  Yoh. 1:29-30.

ta bahwa setelah Yesus dibaptis, "Roh Allah seperti burung merpati turun ke atas-Nya, lalu terdengarlah suara dari sorga yang mengatakan: 'Inilah Anak-Ku yang Kukasihi, kepada-Nyalah Aku berkenan.'"[24] Yang penting di sini bukan hanya burung merpatinya, atau suara yang diyakini orang-orang sebagai suara Allah, atau apa yang dikatakan oleh Suara itu. Sebagaimana biasanya di dalam Alkitab, hampir setiap kata mengandung arti yang dalam, terkadang berlapis-lapis. Namun, satu hal menonjol dari peristiwa itu. Bersama perkataan "Inilah Anak-Ku yang Kukasihi," Allah sedang menyerahkan mahkota Kerajaan Israel kepada Yesus. Yesus secara resmi memulai jabatan sebagai Raja Orang Yahudi.

Mengapa saya berkata demikian? Frasa "Anak Allah" adalah gelar bagi raja-raja Israel di dalam Perjanjian Lama. Frasa itu berakar pada peristiwa keluarnya bangsa Israel dari perbudakan di Mesir. Ketika Allah mendengar doa-doa mereka yang meminta diselamatkan, Ia mengancam Firaun di Mesir. "Israel ialah anak-Ku, anak-Ku yang sulung," firman-Nya, dan "Biarkanlah anak-Ku itu pergi, supaya ia beribadah kepada-Ku."[25] Itu sebuah pernyataan kasih yang kuat bagi bangsa Israel. Pernyataan itu memisahkan mereka dari bangsa-bangsa lain di dunia. Allah memastikan Firaun menyadari bahwa Ia akan berjuang untuk membebaskan mereka karena Ia mengasihi mereka; mereka adalah anak laki-laki-Nya.

Bertahun-tahun kemudian, sebutan "anak Allah" itu juga diberikan kepada raja bangsa Israel. Allah berkata tentang Raja Daud dan keturunannya, "Aku akan menjadi Bapanya, dan ia akan menjadi anak-Ku."[26] Perlambangan itu penting: raja bangsa Israel akan disebut

---

24  Mat. 3:16-17.

25  Kel. 4:22-23.

26  2Sam. 7:14.

**43**

"anak Allah"—seperti bangsa itu—karena seorang raja mewakili seluruh bangsa. Ia berdiri sebagai wakil mereka, bahkan sebagai pengganti mereka di hadapan Allah, sehingga apa yang terjadi kepada dirinya dapat dikatakan juga terjadi kepada seluruh bangsanya. Dalam pengertian simbolis sang raja adalah Israel itu sendiri.

Bila Anda telah memahami itu, Anda dapat melihat signifikansi dari perkataan Allah pada waktu Yesus dibaptis. Memang, Allah sedang menjelaskan hubungan Bapa-Anak yang ada di antara Dia dengan Yesus—ini akan kita bahas lebih lanjut nanti—tetapi Ia juga menyatakan bahwa Yesus sekarang memulai pelayanan-Nya mewakili Israel sebagai Raja mereka. Sejak saat itu, Ia berdiri di hadapan Allah sebagai pengganti rakyat-Nya, wakil mereka, bahkan pahlawan mereka.

Yesus selalu tahu bahwa jabatan raja itu adalah hak-Nya. Memang Ia sering melarang murid-murid-Nya agar tidak memberitahukan kebenaran itu kepada orang lain, dan bahkan sekali waktu Ia menolak orang-orang menobatkan-Nya sebagai raja. Namun, itu bukan karena Ia menolak jabatan itu, melainkan karena Ia tahu Ia akan menjadi raja yang sama sekali berbeda dari yang mereka harapkan. Ia akan mengenakan mahkota raja menurut cara Allah, bukan melalui kudeta revolusioner seperti yang dibayangkan orang-orang.

Bahkan, Yesus segera menerima penobatan-Nya sebagai raja ketika orang-orang benar-benar memahami apa yang mereka akui. Matius 16 menceritakan tentang suatu malam ketika Yesus, yang baru saja terlibat perdebatan dengan para pemimpin Israel, bertanya kepada murid-murid-Nya siapa Dia menurut mereka. Ada banyak jawaban diberikan. "Ada yang mengatakan: Yohanes Pembaptis," lapor seorang murid-Nya, "ada juga yang mengatakan: Elia dan ada pula yang mengatakan: Yeremia atau salah seorang dari para nabi." Sepertinya Yesus heran bahwa orang-orang mengira Ia seseorang yang hidup kembali setelah mati. Namun, apa pun yang mereka pikirkan, Yesus lebih tertarik kepada anggapan murid-murid-Nya sendiri. "Tetapi apa katamu, siapakah Aku ini?" tanya-Nya. Pertanyaan itu memojokkan mereka. Seorang murid bernama Simon yang pertama berbicara: "Engkau adalah Mesias [Kristus]," katanya, "Anak Allah yang hidup."

Saya pikir, Simon benar-benar bermaksud mengatakan lebih dari itu, tetapi setidaknya Ia mengklaim Yesus sebagai raja atas bangsa Israel: Engkau adalah Yang Diurapi (itulah arti *Kristus* dalam bahasa Yunani), Anak Allah, sang Raja. Dan, bagaimana tanggapan Yesus? Ia menerima pengakuan itu dan bersukacita. "Berbahagialah engkau Simon bin Yunus" kata-Nya. "Sebab bukan manusia yang menyatakan itu kepadamu, melainkan Bapa-Ku yang di sorga." Simon—yang segera setelah itu diberi nama Petrus—menyadari apa yang diketahui Yesus tentang diri-Nya. Dia adalah Raja Israel yang sah.[27]

Di dalam Lukas 19, sebuah kisah lain diceritakan bahwa Yesus—hanya seminggu sebelum Ia dihukum mati di kayu salib—memberi sebuah klaim yang dramatis dan terbuka di hadapan orang banyak bahwa Ia seorang raja. Yesus dan murid-murid-Nya pergi ke Yerusalem untuk mengikuti perayaan Paskah tahunan. Pada minggu itu, ratusan ribu manusia berdesak-desakan di dalam kota itu karena itu perayaan nasional Yahudi terpenting dalam setahun. Ketika mereka semakin dekat ke kota itu, Yesus mengutus beberapa murid ke sebuah desa bernama Betfage untuk membawa sebuah keledai yang sudah menunggu mereka. Alkitab lalu berkata bahwa Yesus menunggangi keledai itu dan melanjutkan perjalanan ke Yerusalem, dengan banyak orang mengikuti Dia. Inilah yang terjadi selanjutnya:

---

27 Mat. 16:13-20.

Ketika Ia dekat Yerusalem, di tempat jalan menurun dari Bukit Zaitun, mulailah semua murid yang mengiringi Dia bergembira dan memuji Allah dengan suara nyaring oleh karena segala mujizat yang telah mereka lihat. Kata mereka: "Diberkatilah Dia yang datang sebagai Raja dalam nama Tuhan, damai sejahtera di sorga dan kemuliaan di tempat yang mahatinggi!"[28]

> Orang banyak yang sangat besar jumlahnya menghamparkan pakaiannya di jalan, ada pula yang memotong ranting-ranting dari pohon-pohon dan menyebarkannya di jalan. Dan orang banyak yang berjalan di depan Yesus dan yang mengikuti-Nya dari belakang berseru, katanya: "Hosana bagi Anak Daud, diberkatilah Dia yang datang dalam nama Tuhan, hosana di tempat yang mahatinggi!"[29]

Seluruh adegan itu sarat dengan makna. Tidak hanya orang-orang melambai-lambaikan ranting-ranting pohon dan menggelar jubah mereka di jalan yang akan dilewati Yesus—tindakan yang melambangkan ketundukan mereka kepada raja—tetapi mereka juga menyebut-Nya Raja dan mengumumkan bahwa Ia adalah pewaris takhta Daud! Di atas semuanya itu, mereka menyanyikan sebuah lagu kuno yang biasa dinyanyikan orang-orang bagi seorang raja ketika ia mendekati Bait Suci untuk mempersembahkan korban.[30]

Prosesi itu pasti mengundang perhatian semua orang, dan Yesus memang ingin menarik perhatian semua orang. Karena mendengar

---

28  Luk. 19:37-38.

29  Mat. 21:8-9.

30  Mzm. 118:26.

seruan orang banyak dan memahami apa yang mereka katakan, be-berapa orang Farisi merasa terganggu dan mengeluh kepada Yesus. "Guru" kata mereka, "tegurlah murid-murid-Mu itu." Apakah Anda melihat apa yang dilakukan oleh orang-orang berkuasa itu? Mereka ingin agar Yesus setuju dengan mereka bahwa seruan orang banyak akan pengakuan-Nya sebagai raja itu tidak tepat; mereka ingin Ia menyangkali status-Nya sebagai raja. Namun, Yesus tidak mau me-lakukannya. Ia menjawab, "Aku berkata kepadamu: Jika mereka ini diam, maka batu ini akan berteriak."[31] Tidak ada penundaan lagi. Wak-tunya telah tiba, dan sang Raja telah sampai di ibukota kerajaan-Nya.

Takhta Israel, yang tidak pernah diduduki selama enam ratus ta-hun, sekarang tidak lagi kosong.

### Raja yang Sejati di atas Takhta yang Sejati di dalam Sejarah yang Sejati

Sulit bagi kita untuk benar-benar memahami signifikansi dari peristiwa Yesus memasuki Yerusalem pada hari itu. Kita cenderung mengira bahwa orang-orang yang berdesakan di sekeliling Yesus se-kadar mau memainkan sebuah drama agama, dan semua itu akan segera dilupakan ketika mereka akhirnya sadar dan pulang ke rumah. Namun, orang-orang itu tidak sedang mengumumkan seorang raja agamawi yang palsu. Mereka mengumumkan Raja yang *sejati* yang akan duduk di takhta yang *sejati* di dalam sejarah yang *sejati*.

Bangsa Israel tidak selalu memiliki raja. Pada permulaan se-jarahnya, ketika bangsa itu tidak lebih dari sebuah keluarga besar, bangsa itu dipimpin oleh serangkaian bapa-bapa leluhur, lalu nabi-nabi, lalu hakim-hakim, yang diangkat Allah untuk memerintah dan melindungi mereka. Namun, pada akhirnya, bangsa Israel meminta

---

31  Luk. 19:40.

pemimpin dan nabi mereka, Samuel, untuk mengangkat seorang raja bagi mereka. Samuel keberatan dan memperingatkan akan kejahatan yang akan dilakukan seorang raja. Namun, karena rakyat bersikeras, maka dinobatkanlah seorang raja. Kerajaan Israel mencapai puncak kejayaannya dalam pemerintahan Raja Daud, seorang anak gembala dari desa Betlehem yang (secara mengejutkan) dipilih Allah untuk memerintah atas bangsa itu. Dengan berkat dan tuntunan dari Allah sendiri, Daud dengan cepat dipromosikan sampai ia naik takhta pada kira-kira tahun 1.000 SM. Ia menyatukan dua belas suku Israel, menundukkan musuh-musuh bangsa itu, menaklukkan Yerusalem, dan menjadikannya ibukota kerajaan. Di atas semuanya itu, Allah menjanjikan bahwa Ia akan mengokohkan dinasti Daud selama-lamanya.

Daud diingat sebagai raja yang terbesar di antara semua raja Israel, sedemikian hingga jabatan itu sendiri disebut "kerajaan Daud," dan takhtanya disebut "tahta Daud." Daud sendiri adalah seorang pahlawan, musisi, orang bijak, bahkan pujangga. Ia menulis lebih dari separuh Kitab Mazmur, dan ia diingat sebagai teladan iman dan kebenaran. Bukan berarti Daud orang yang sempurna, tetapi Ia memiliki kasih yang mendalam kepada Allah, kepekaan terhadap dosa dan kekurangannya, dan iman yang teguh bahwa Allah akan menunjukkan belas kasihan kepadanya dan mengampuni dosa-dosanya. Alkitab bahkan mencatat bahwa Daud disebut "orang yang berkenan kepada-Nya."[32]

Ketika Daud wafat pada tahun 970 SM, ia digantikan oleh putranya, Salomo. Dalam banyak hal, pemerintahan Salomo lebih jaya daripada ayahnya, setidaknya pada mulanya. Israel menjadi kaya dan berpengaruh, dan mencapai masa keemasan. Namun, Salomo wafat setelah memerintah empat puluh tahun, dan setelah itu kerajaan Is-

---

32  1Sam. 13:14.

rael jatuh ke dalam kekacauan. Perang sipil memecahkan bangsa itu menjadi dua: Kerajaan Israel di sebelah Utara, dan Kerajaan Yehuda di sebelah Selatan. Selama dua abad selanjutnya, kedua kerajaan itu jatuh ke dalam penyembahan berhala dan kefasikan. Seorang raja dari Israel Utara, Ahas, bahkan mengorbankan anak laki-lakinya sendiri kepada dewa kafir dengan membakarnya hidup-hidup.

Di tengah-tengah semua situasi itu, Allah tetap mengutus nabi-nabi untuk memperingatkan Kerajaan Israel dan Yehuda agar bertobat dari dosa-dosa mereka dan kembali kepada-Nya. Jika mereka melakukannya, kata Allah, Ia akan mengampuni mereka dan memulihkan mereka menjadi satu bangsa. Jika tidak, maka hukuman dan kematian akan dijatuhkan kepada mereka. Tidak satu pun dari dua kerajaan itu bertobat. Maka, pada kira-kira tahun 700 SM, Kerajaan Israel Utara diserang oleh Kekaisaran Asyur, dan orang-orangnya dibawa ke pembuangan. Sedangkan, Kerajaan Yehuda tetap bisa bertahan sampai kurang lebih satu abad kemudian, yaitu sampai Nebukadnezar dari Kekaisaran Babel menyerang mereka pada tahun 586 SM, menghancurkan Yerusalem dan Bait Suci, dan mendeportasi rakyatnya ke Babel. Menyangkut nasib raja keturunan Daud saat itu, ia ditangkap dan dibutakan. Sebuah kekang dikaitkan ke hidungnya, dan ia juga diangkut ke Babel. Selama hidupnya, ia diizinkan untuk makan di meja Nebukadnezar. Mungkin itu terdengar baik, tetapi itu sebenarnya sebuah penghinaan. Raja keturunan Daud sekarang hanyalah seorang buta yang bergantung sepenuhnya kepada kaisar Babel.

Seiring waktu berjalan, bahkan setelah Kekaisaran Persia mengalahkan Babel, lalu Yunani menaklukkan Persia, dan Romawi menelan Yunani, Israel tidak pernah berhasil memulihkan kerajaannya. Ia tetap menjadi jajahan yang tertindas bagi bangsa-bangsa lain. Selama enam ratus tahun, takhta Daud tetap kosong.

Namun, harapan untuk itu tetap ada. Melalui perpecahan, ke-merosotan, dan kejatuhan Israel, para nabi terus menubuatkan masa ketika dinasti Daud akan dipulihkan. Bahkan, mereka memberi tahu bahwa suatu hari nanti Allah akan mengutus seorang Raja yang akan memerintah dari takhta Daud dengan kebenaran dan keadilan yang sempurna. Ia akan diurapi dengan Roh Allah sendiri. Ia akan mem-balikkan hati bangsa itu untuk menyembah Allah saja. Dan, Ia akan memerintah selama-lamanya dengan hikmat dan kasih. Tidak hanya itu; Allah juga berjanji bahwa takhta Daud tidak hanya akan menja-di takhta bagi bangsa itu. Ia akan meluaskan otoritasnya, dan semua bangsa di muka bumi akan berbondong-bondong datang ke Yerusa-lem untuk menghormati Raja Israel, yaitu Raja atas segala raja.[33]

Semua nubuatan itu pasti terdengar konyol karena orang-orang Israel telah menyaksikan raja-raja mereka, satu persatu, jatuh ke dalam kefasikan dan hukuman Allah. Dan, semua nubuatan itu kelihatan se-perti olok-olok yang bengis ketika raja keturunan Daud yang terakhir meminta ampun sebelum matanya dicungkil oleh orang-orang Babel. Namun, seandainya bangsa itu menyimak nubuatan-nubuatan para nabi, mereka juga akan menyadari bahwa Raja yang dijanjikan oleh para nabi itu tidak seperti manusia biasa yang akan duduk di takhta untuk sementara waktu lalu mati. Ia terdengar seperti sesuatu yang jauh lebih agung. Bahkan, seandainya mereka mendengar, mereka akan menyadari bahwa Allah tidak hanya akan *mengutus* seorang raja kepada Israel, tetapi Ia sendiri akan *datang* dan *menjadi* Raja mereka. Perhatikan apa yang dikatakan Yesaya mengenai kelahiran Raja yang agung itu:

Sebab seorang anak telah lahir untuk kita,

---

33  Baca misalnya, Yes. 9, 11; Mik. 5.

seorang putera telah diberikan untuk kita;
lambang pemerintahan ada di atas bahunya,

Sepertinya terdengar biasa-biasa saja, bukan? Itu kedengaran se-perti sembarang raja. Namun, lanjutkan baca:

dan namanya disebutkan orang:
Penasihat Ajaib, Allah yang Perkasa,
Bapa yang Kekal, Raja Damai.
Besar kekuasaannya, dan damai sejahtera
tidak akan berkesudahan
di atas takhta Daud dan di dalam kerajaannya,
karena ia mendasarkan dan mengokohkannya
dengan keadilan dan kebenaran
dari sekarang sampai selama-lamanya.[34]

Itu bukan gambaran seorang raja yang biasa. Raja biasa tidak akan memerintah "dari sekarang sampai selama-lamanya." Tidak ada raja yang kekuasaannya *tiada berkesudahan*. Tidak ada raja yang dapat disebut Penasihat Ajaib, Bapa yang Kekal, Raja Damai. Dan, di atas semuanya, tidak ada—raja atau bukan—yang dapat dibenarkan me-nyandang nama *Allah yang Perkasa*. Tidak ada, kecuali, ya Allah.

### Mata Terbelalak dan Pikiran Takjub

Saya suka membayangkan Simon Petrus ketika berkata, "Eng-kau adalah Mesias, Anak Allah yang hidup," matanya terbelalak dan pikirannya dipenuhi ketakjuban. Menurut saya, tiba-tiba ia mengi-ngat segala sesuatu lalu mengambil kesimpulan. Ya, para raja Israel

---

34  Yes. 9:6-7.

di zaman yang lampau sering disebut "anak Allah," dan semua orang mengira itu sekadar gelar. Namun, ternyata tidak. Itu adalah cara Allah menubuatkan masa depan, dan Ia sendiri bermaksud untuk mendudukkan *diri-Nya* di atas tahta Daud. Sama seperti yang dikatakan oleh para nabi, sang Raja yang agung akan menjadi "anak Allah" bukan secara simbolis, bukan hanya gelar, tetapi *nyata*. Allah sendiri akan menjadi Raja.

Itulah yang disadari oleh Petrus. Ia berdiri di hadapan Dia yang adalah sang Raja, Mesias, Yang Diurapi dari Israel, dan karenanya, Ia dapat digelari "anak Allah." Namun, Ia sendiri juga adalah *Anak* Allah. Bukan hanya Raja atas Israel, tetapi Raja atas segala raja.

Petrus menyadari bahwa Pria itu adalah Allah.

# 4
## "AKULAH AKU" YANG AGUNG

Pemikiran bahwa Yesus adalah Allah tidak tiba-tiba terlintas di pikiran Petrus begitu saja. Ia sudah tinggal bersama Yesus selama berbulan-bulan, menyaksikan bagaimana Ia mengadakan banyak mukjizat, menyembuhkan orang-orang yang tidak tersembuhkan, dan bahkan menghidupkan kembali orang mati. Peristiwa-peristiwa itu sudah cukup untuk mendorong orang bertanya-tanya. Namun, ada beberapa kesempatan lain yang juga membingungkan pikiran, yaitu ketika alam sendiri tunduk dan taat kepada Yesus.

Satu contohnya terjadi di awal pelayanan publik Yesus. Berita bahwa Yesus dapat menyembuhkan orang sakit dan mengusir roh-roh jahat telah menyebar luas, sehingga orang-orang berbondong-bondong mencari Dia. Yesus menangani mereka dengan sabar, menghabiskan waktu berjam-jam mengusir roh-roh jahat dan menyembuhkan orang-orang sakit. Di penghujung hari itu, Yesus kelelahan. Maka, ketika orang-orang terus berdatangan, Ia dan murid-murid-Nya naik ke dalam perahu dan berlayar ke seberang danau.

Danau Galilea sangat dikenal oleh Yesus dan murid-murid-Nya. Banyak dari kegiatan pelayanan dan pengajaran Yesus terjadi di desa-desa nelayan di pinggir danau tersebut; termasuk Petrus yang dulunya merupakan seorang nelayan. Danau Galilea sebenarnya tidak begitu luas. Kelilingnya kurang lebih 50 kilometer, tetapi ciri khasnya adalah itu terletak hampir 200 meter di bawah permukaan laut, dan dikelilingi banyak jurang yang dapat menjadi saluran angin berkecepatan tinggi. Jadi, selain mengandung banyak ikan, Danau Galilea juga dikenal dengan badainya yang dahsyat yang bisa muncul tiba-tiba.

Itulah yang terjadi pada hari itu, sekitar beberapa jam setelah Yesus dan murid-murid-Nya berlayar. Ketika mereka kurang lebih berada di tengah danau, dan terlalu jauh untuk memutar balik, badai mengamuk. Matius, salah seorang dari murid-murid Yesus, yang ada di situ dan sudah beberapa kali menyaksikan badai di danau tersebut, menulis bahwa itu sebuah "angin ribut" yang dahsyat; begitu dahsyat sehingga ia menggunakan kata *seismos* untuk melukiskannya.[35] Matius ingin agar kita tahu bahwa itu bukan sekadar badai, tetapi lebih mirip gempa! Jadi, dengan angin kencang yang meluncur dari jurang-jurang dan masuk ke dalam danau, perahu mereka terombang-ambing, diha-jar gelombang yang ganas.

Tentu saja, para murid ketakutan setengah mati. Itu respons yang alami; perahu kecil itu bisa dengan mudah ditunggangbalikkan, dan riwayat mereka akan berakhir di situ. Sedangkan Yesus tidak. Ia tertidur di bagian buritan perahu. Tidak heran, para murid segera membangunkan Yesus dan berkata, "Tuhan, tolonglah, kita binasa." Itulah kata-kata yang dicatat Matius; sedangkan Markus menulis, "Guru, Engkau tidak peduli kalau kita binasa?" dan Lukas berkata, "Guru, Guru, kita binasa!"[36] Mungkin ada banyak hal lain yang dika-takan para murid pada waktu itu, tetapi satu hal yang jelas: mereka berada dalam bahaya, dan mereka ingin Yesus melakukan sesuatu.

Mari kita berhenti sejenak dan merenungkan momen itu. Me-narik bahwa mereka datang kepada Yesus dengan membawa masalah itu, bukan? Maksud saya, apa sebenarnya yang mereka ingin Yesus lakukan? Saya ragu mereka memiliki sebuah rencana yang jelas. Para murid tampaknya sangat terkesan dengan kemampuan Yesus sehing-

---

35  Mat. 8:24.

36  Mat. 8:25; Mrk. 4:38; Luk. 8:24.

ga mereka menduga Ia dapat melakukan *sesuatu*. Namun, di sisi yang lain, kita juga melihat bahwa tidak ada yang berkata, "Kalian tahu? Kita harus tetap tenang, sebab Allah ada di bagian buritan." Jadi, mereka berharap Yesus entah bagaimana akan melindungi mereka meski badai sedang mengamuk, atau Ia akan melajukan perahu mereka supaya segera lepas dari pusaran badai, atau Ia akan memindahkan perahu itu dalam sekejap ke pantai. Siapa tahu? Namun, yang jelas, meski mereka mengharapkan Yesus akan melakukan sesuatu, mereka tidak pernah sedetik pun berharap Ia akan melakukan apa yang nanti Ia lakukan.

Kembali ke cerita kita. Para murid dengan panik mendatangi bagian buritan dan membangunkan Yesus dengan kasar. Lalu, Yesus melakukan sesuatu yang menakjubkan. Ia duduk—mungkin mengusap-usap mata sejenak—dan berkata kepada mereka, "Mengapa kamu takut, kamu yang kurang percaya?"[37] Saya hanya bisa membayangkan seandainya satu atau dua orang murid, khususnya Petrus, menjawab, "Mengapa kami takut? Engkau bercanda, Guru?" Namun, tidak seorang pun berani menjawab-Nya, dan Alkitab berkata bahwa Yesus bangun dan "menghardik" angin dan laut itu: "Diam!" katanya. "Tenanglah!"[38]

Sungguh kata-kata yang luar biasa! Ia "menghardik" angin badai, seperti seorang ayah menghardik anaknya. Apakah Anda pernah mencoba menghardik angin atau badai? Paling-paling Anda akan berlindung di pantai dan berusaha membenarkan manfaat adanya badai. Namun, Alkitab berkata bahwa ketika Yesus memerintahkan badai agar tenang, badai itu langsung patuh. "angin itu reda" kata Markus, "dan danau itu menjadi teduh sekali." Semua murid pernah menyaksi-

---

37  Mat. 8:26.
38  Mrk. 4:39.

kan badai berakhir, tetapi tidak pernah seperti itu. Bahkan bila angin badai tiba-tiba meredup, air danau masih akan bergolak untuk sementara waktu. Namun, kali itu, angin dan air seketika *berhenti* dan menghasilkan keteduhan. Para murid terpana, dengan badan masih basah tetapi memandang Yesus dengan takjub. Alkitab tidak berkata siapa yang mengajukan pertanyaan, tetapi saya yakin semua murid mengangguk ketika seseorang bertanya, "Siapa gerangan orang ini, sehingga angin dan danaupun taat kepada-Nya?"[39]

### Seseorang yang Jauh Melebihi Seorang Raja

Saya penasaran, apakah pada hari itu Petrus mengingat kembali ketika ia menjawab pertanyaan Yesus dengan berkata, "Engkau adalah Mesias, Anak Allah yang hidup."[40] Beberapa orang mengatakan bahwa Petrus sekadar mengakui Yesus sebagai Raja Israel yang sah. Menurut mereka, itu sebuah pernyataan politis, dan tidak lebih dari itu. Namun, saya pikir itu juga tidak mungkin benar. Inilah sebabnya: terakhir kali para murid memanggil Yesus "Anak Allah" adalah karena Ia baru saja melakukan sesuatu yang melontarkan-Nya ke tingkat yang lebih dari sekadar raja. Itu juga sesuatu yang sangat diingat oleh Petrus.

Situasi tersebut sebenarnya mirip dengan waktu Yesus meneduhkan badai. Para murid berada di dalam perahu dalam perjalanan menuju ke seberang danau dan angin mulai bertiup kencang, lalu gelombang air menghentak-hentak perahu. Situasi itu sangat mirip dengan yang dulu, hanya saja ada satu perbedaan besar: Yesus tidak ada di sana.

Pada hari itu, Yesus baru saja memberi makan lima ribu orang

---

39 Mrk. 4:41.

40 Mat. 16:16.

dengan lima roti dan dua ikan. Setelah itu, Ia mengutus para murid agar mendahului-Nya pergi ke seberang Danau Galilea. Mungkin mereka mengira Yesus akan menyewa perahu lain atau berjalan keliling danau. Yang jelas, mereka harus berlayar ke seberang danau meninggalkan Yesus, yang pergi beristirahat ke puncak bukit terdekat untuk berdoa.

Sementara itu, para murid menghadapi malam yang dahsyat. Sekali lagi, perahu mereka dihempas angin kencang dan gelombang, dan mereka ketakutan. Alkitab berkata bahwa itu terjadi pada waktu jaga malam keempat—sekitar pukul 3 sampai 5 dini subuh—ketika mereka melihat di kejauhan seseorang *berjalan di atas air ke arah mereka*! Ketakutan mereka langsung berubah menjadi kengerian, sehingga mereka berseru, "Hantu!"

Yang terjadi selanjutnya adalah salah satu peristiwa yang terkenal dari kitab Injil—dan mungkin yang paling sarat dengan makna. Demi mendengar teriakan murid-murid-Nya, Yesus berseru kepada mereka, "Tenanglah! Aku ini, jangan takut!" Coba berhenti sejenak dan renungkan kalimat Yesus itu lagi, karena di dalam kata-kata itu, Petrus sepertinya mendengar sesuatu yang memenangkan kepercayaannya. Sambil bersandar di pinggir perahu ke arah Yesus, ia berseru, "Tuhan, apabila Engkau itu, suruhlah aku datang kepada-Mu berjalan di atas air." Sungguh kata-kata yang menakjubkan! Kita mungkin bertanya apakah para murid yang lain menganggap Petrus sudah gila. Namun, ada sesuatu dari perkataan Yesus yang menggugah Petrus, sehingga ia hendak mengujinya. Yesus juga pasti mengetahui isi pikiran Petrus, sebab Ia mengundangnya, "Datanglah!" Lalu, Petrus keluar dari perahu, berdiri di atas air, dan mulai melangkah. Alkitab tidak memberi tahu kita seberapa jauh ia dapat melangkah, tetapi sebelum ia sampai kepada Yesus, Petrus merasakan angin kencang menerpa badannya dan air dingin membasahi kakinya. Dengan mata yang tidak tertuju lagi kepada Yesus, ia menjadi ketakutan dan mulai tenggelam. Lalu ia berseru kepada Yesus agar menyelamatkan dia, dan "segera," kata Alkitab, Yesus mengulurkan tangan-Nya, mengangkat Petrus, dan membawanya kembali ke dalam perahu. Kali ini, Yesus tidak memberi perintah dengan lantang—ketika Ia dan Petrus naik ke dalam perahu, badai langsung berhenti.

Matius berkata, itulah saat ketika "orang-orang yang ada di perahu menyembah Dia, katanya: 'Sesungguhnya Engkau Anak Allah.'"[41]

Apa artinya ucapan itu? Apakah maksud mereka bahwa Ia adalah Raja Israel yang sah? Apakah mereka sekadar menyematkan gelar raja kepada Dia sebagaimana yang pernah disandang oleh banyak raja sebelum Dia? Mustahil! Para murid baru saja menyaksikan Orang itu berjalan di atas air, memanggil salah seorang dari mereka untuk melakukan hal yang sama, dan meneduhkan badai tanpa mengucapkan sepatah kata. Renungkan pula apa yang mendorong Petrus untuk keluar dari perahu. Apa yang ia tangkap dari perkataan Yesus, "Tenanglah! Aku ini" yang mendorongnya tidak hanya menjawab, "Baiklah, teman-teman, kita bisa berhenti panik sekarang; itu Yesus, guru kita," tetapi malahan melangkah ke atas air? Mengapa ia tiba-tiba memiliki iman bahwa Yesus *sepenuhnya* memegang kendali atas seluruh situasi itu?

Jawabannya adalah bahwa kalimat, "Ini Aku" tidak tepat menyampaikan apa yang dikatakan Yesus. Secara harfiah, Yesus berkata, "Jangan takut. *Akulah Aku* [*I am*]!" Itulah yang didengar Petrus sehingga ia menjadi percaya diri. Ia tidak mendengar, "Ya, ini aku, Yesus!" melainkan sebuah nama kuno Allah Israel yang terkenal.

Itu bermula ketika bangsa Israel diselamatkan dari perbudakan

---

41  Mat. 14:26-33.

di Mesir. Salah satu bagian yang menarik dari kisah itu adalah dalih Musa kepada Allah bahwa ia tidak layak untuk melaksanakan panggilan Allah. Musa telah mencoba berbagai dalih—"aku tidak cukup penting," "mereka tidak akan percaya kepada perkataanku," "aku tidak pandai bicara di depan umum"—dan setiap kali Allah menggugurkan dalih-dalihnya. Namun, salah satu yang ditanya Musa adalah apa yang ia sampaikan kepada bangsa Israel bila mereka bertanya, siapa nama Allah. Jawaban Allah sangat menyingkapkan diri-Nya: "'AKU ADALAH AKU.' Lagi firman-Nya: 'Beginilah kaukatakan kepada orang Israel itu: AKULAH AKU telah mengutus aku kepadamu.'"[42] Allah menyingkapkan diri-Nya sebagai Allah yang transenden dan tidak terikat, Sumber dari segala yang ada, Pencipta keberadaan, Penguasa jagad raya, Dia yang telah ada, yang ada, dan yang akan selalu ada—"Akulah Aku" yang agung.

Itulah yang didengar Petrus sehingga muncul kepercayaan dirinya. Yesus memakai nama Allah bagi diri-Nya, dan Ia melakukannya *sembari Ia berjalan di atas air*. Danau atau laut adalah kekuatan yang menakutkan dalam alam ciptaan, dan merupakan lambang kekacauan dan kejahatan di dunia kuno; kediaman dewa-dewi yang jahat. Di sini Yesus menundukkannya, menaklukkannya, memerintah atasnya, menaruhnya di bawah kaki-Nya. Sebuah lagu kuno berkata, "Dari pada suara air yang besar, dari pada pecahan ombak laut yang hebat, lebih hebat TUHAN di tempat tinggi."[43]

Anda lihat? Ketika para murid menyebut Yesus sebagai "Anak Allah," mereka mengumumkan Dia sebagai Seorang yang lebih dari sekadar raja. Mereka berkata bahwa Ia adalah Allah. Ia adalah Pencipta. Ia adalah "Akulah Aku."

---

42  Kel. 3:14.

43  Mzm. 93:4.

### Manusia yang Mengklaim Diri sebagai Allah

Terkadang orang-orang berkata bahwa gagasan Yesus adalah Allah hanyalah khayalan para murid, bahwa Yesus tidak pernah mengklaim status itu bagi diri-Nya, dan bahwa setelah kematian-Nya, para murid mengarang cerita, atau salah menafsirkan kenangan-kenangan mereka akan apa yang terjadi. Namun, Anda tidak perlu membaca Alkitab seluruhnya untuk melihat bahwa Yesus berulang kali mengklaim diri sebagai Allah, dan terkadang Ia tidak merahasiakannya.

Sebagai contoh, ada masa ketika Ia berkata, "Aku dan Bapa adalah satu." Ada juga masa ketika Filipus—yang menjadi tidak sabaran dan kehilangan maksud Yesus—berkata kepada-Nya, "Tuhan, tunjukkanlah Bapa itu kepada kami," dan Yesus menjawab, "Telah sekian lama Aku bersama-sama kamu, Filipus, namun engkau tidak mengenal Aku? Barangsiapa telah melihat Aku, ia telah melihat Bapa; bagaimana engkau berkata: Tunjukkanlah Bapa itu kepada kami?" Ada pula jawaban-Nya terhadap para pemimpin orang Yahudi di mana Ia menjawab, "Mulai sekarang kamu akan melihat Anak Manusia duduk di sebelah kanan Yang Mahakuasa dan datang di atas awan-awan di langit." Imam Besar waktu itu langsung tahu apa yang diklaim-Nya; itu sebabnya ia merobek jubahnya dan menuduh Yesus menghujat Allah. Yesus mengklaim diri-Nya Allah.[44]

Ada pula masa ketika Yesus mengucapkan klaim yang begitu tinggi sehingga para pemimpin Yahudi ingin melempari Dia dengan batu. Alkitab mengatakan bahwa situasi itu sangat berbahaya sehingga Yesus harus menyembunyikan diri supaya tidak ditangkap. Itu semua dimulai ketika orang-orang Farisi datang dan mengejek-Nya. "Bukankah benar kalau kami katakan bahwa Engkau orang Samaria dan

---

44  Yoh. 10:30; 14:8-9; Mat. 26:64.

kerasukan setan?" kata mereka. Itu bukan sebuah ejekan biasa, seperti menuduh seseorang kerasukan setan, atau bagian dari pemerintah di Washington DC. Yesus menjawab perkataan itu dengan berkata, "Aku tidak kerasukan setan, tetapi Aku menghormati Bapa-Ku dan kamu tidak menghormati Aku . . . Aku berkata kepadamu: Sesungguhnya barangsiapa menuruti firman-Ku, ia tidak akan mengalami maut sampai selama-lamanya." Para pemimpin yang semakin gusar itu kembali menuduh Yesus: "Sekarang kami tahu, bahwa Engkau kerasukan setan. Sebab Abraham telah mati dan demikian juga nabi-nabi, namun Engkau berkata: Barangsiapa menuruti firman-Ku, ia tidak akan mengalami maut sampai selama-lamanya. Adakah Engkau lebih besar dari pada bapa kita Abraham, yang telah mati! Nabi-nabipun telah mati; dengan siapakah Engkau samakan diri-Mu?"[45]

Yesus menjawab, "Abraham bapamu bersukacita bahwa ia akan melihat hari-Ku dan ia telah melihatnya dan ia bersukacita." Dengan kata lain, Abraham tahu bahwa Allah berjanji akan mengutus seorang Juruselamat, dan ia menantikan waktu itu dengan sukacita. Pada saat itu, para pemimpin Yahudi marah tetapi bingung. Klaim Yesus bahwa Abraham mengenal Dia, dan Ia mengetahui perasaan Abraham, terlalu sulit untuk mereka mengerti. "Umur-Mu belum sampai lima puluh tahun dan Engkau telah melihat Abraham?"

Jawaban Yesus terhadap pertanyaan itu mengguncang mereka. Kata-Nya, "Aku telah ada [I am]."[46]

Kita menemukan nama itu lagi, dan kali ini Yesus menggunakannya dengan sengaja dan untuk mengundang perbantahan. Dari mana kita tahu? Karena kalau tidak, yang Ia katakan cuma sebuah kesalahan tata bahasa. Sekalipun Yesus ingin mengatakan bahwa Ia

---

45  Yoh. 8:48-53.

46  Yoh. 8:56-58.

lebih dulu ada daripada Abraham, Ia seharusnya berkata "Sebelum Abraham ada, Aku *dulu* ada [*I was*]." Namun, dengan menggunakan bentuk waktu masa kini [*I am*], Yesus menyematkan nama Allah yang eksklusif itu kepada diri-Nya. Itulah sebabnya mereka hendak melempari Dia dengan baru. Seandainya Ia bukan Allah, maka Ia telah melakukan dosa penghujatan yang paling keji.

### Berhadapan Muka dengan Allah Tritunggal

Namun, tentu saja itu bukan sebuah penghujatan. Itu adalah fakta, dan berulang kali Yesus membuktikan klaim keilahian-Nya. Bila Anda telah memahami itu, Anda akan mulai melihat lapisan-lapisan signifikansi dalam keteguhan Yesus mengklaim Ia adalah Anak Allah. Itu bukan sekadar gelar raja; itu adalah klaim yang menunjukkan bahwa Yesus setara dengan Allah dalam status, karakter, dan kehormatan. Yohanes menjelaskan: "Sebab itu orang-orang Yahudi lebih berusaha lagi untuk membunuh-Nya . . . karena Ia mengatakan bahwa Allah adalah Bapa-Nya sendiri dan dengan demikian menyamakan diri-Nya dengan Allah."[47]

Namun, ada yang lebih dari frasa itu karena dengannya Yesus tidak sedang menyematkan gelar raja, dan bahkan tidak mengatakan bahwa Ia setara dengan Allah, tetapi Ia juga menggambarkan *relasi* yang unik dan eksklusif antara Ia dan Allah Bapa. Ia pernah berkata, "Tidak seorangpun mengenal Anak selain Bapa, dan tidak seorangpun mengenal Bapa selain Anak dan orang yang kepadanya Anak itu berkenan menyatakannya."[48] Dalam kesempatan yang lain Ia menjelaskan,

---

47  Yoh. 5:18.

48  Mat. 11:27.

apa yang dikerjakan Bapa, itu juga yang dikerjakan Anak. Sebab Bapa mengasihi Anak dan Ia menunjukkan kepada-Nya segala sesuatu yang dikerjakan-Nya sendiri . . . Sebab sama seperti Bapa membangkitkan orang-orang mati dan menghidupkannya, demikian juga Anak menghidupkan barangsiapa yang dikehendaki-Nya. Bapa tidak menghakimi siapapun, melainkan telah menyerahkan penghakiman itu seluruhnya kepada Anak, supaya semua orang menghormati Anak sama seperti mereka menghormati Bapa. Barangsiapa tidak menghormati Anak, ia juga tidak menghormati Bapa, yang mengutus Dia. [49]

Anda lihat? Yesus, sang Anak Allah, tidak hanya mengklaim diri sebagai Allah itu sendiri, tetapi juga memiliki relasi yang unik, eksklusif, dan harmonis dengan Allah Bapa. Bagaimana itu mungkin?

Bagaimana mungkin Yesus adalah Allah tetapi sekaligus berelasi dengan Allah Bapa? Di sini kita harus berhadapan muka dengan doktrin Tritunggal. Mungkin Anda pernah mendengar istilah itu. Mungkin Anda bahkan pernah mendengar orang-orang Kristen menjelaskan bahwa Allah Bapa, Allah Anak, dan Allah Roh Kudus saling berbeda satu sama lain (tiga Pribadi) tetapi semuanya adalah satu Allah. Bukan tiga allah! Alkitab jelas sejak halaman pertamanya bahwa hanya ada satu Allah, tetapi satu Allah itu hadir dalam tiga Pribadi.

Saya berharap Anda dapat melihat di sini bahwa orang-orang Kristen tidak sekadar mengarang gagasan tentang Allah Tritunggal. Mereka mendefinisikannya, menjelaskannya, mengajarkannya, dan mempertahankannya *karena mereka melihat konsep itu di dalam Alkitab*. Mereka mendengarnya ketika Yesus berbicara tentang diri-Nya, tentang relasi-Nya dengan Bapa, dan tentang Roh Kudus. Berikut ini adalah rangkuman dari apa yang mereka dengar dari Yesus:

---

49  Yoh. 5:19-23.

Yesus menegaskan hanya ada *satu* Allah.[50]
Yesus berkata bahwa Dia sendiri adalah Allah, Bapa adalah Allah, dan Roh Kudus adalah Allah.[51]
Yesus menjelaskan bahwa Dia, Bapa-Nya, dan Roh Kudus *bukan* Pribadi yang sama, tetapi berbeda satu sama lain dan hadir dalam relasi yang unik dan eksklusif satu sama lain.[52]

Sekarang, Anda mungkin melihat ketiga pernyataan itu dan berkata, "Saya tidak mengerti bagaimana ketiganya bisa benar dan dengan cara yang sama." Jujur, saya juga! Dan, begitu pula semua orang Kristen. Namun, pemahaman saya bukanlah intinya. Sebagai orang Kristen, saya percaya kepada Yesus, dan Yesus mengajarkan ketiga hal itu, maka saya memercayainya, sekalipun pernyataan-pernyataan itu tidak benar-benar saya mengerti.

Intinya, tidak ada pertentangan logika pada ketiga pernyataan tersebut, dan saya sangat sadar bahwa pikiran saya terbatas. Ada banyak hal di dunia ini yang tidak saya mengerti, sehingga tidak sulit bagi saya membayangkan ada begitu banyak hal yang bisa masuk di dalam pikiran Allah yang tidak terbatas yang tidak masuk dalam pikiran saya. Yang satu tahu pasti adalah bahwa Yesus mengajarkan hanya ada satu Allah, bahwa Dia dan Bapa-Nya dan Roh Kudus adalah Allah, dan bahwa Dia dan Bapa-Nya dan Roh Kudus bukanlah Pribadi yang sama, tetapi saling berelasi satu sama lain. Dan saya, bersama semua orang Kristen selama berabad-abad, menyebut realitas itu se-

---

50  Misalnya, Mrk. 12:29.

51  Misalnya, Yoh. 5:18; Luk. 12:10.

52  Perhatikan relasi tersebut di dalamnya, misalnya, Yoh. 14:16-17.

bagai *Tritunggal.*

### Satu-satunya Cara

Inilah intinya: Setelah Anda memahami bahwa Yesus adalah Allah, dan Ia berelasi secara unik dan eksklusif dengan Allah Bapa, Anda juga akan mulai memahami bahwa jika Anda ingin mengenal Allah yang menciptakan Anda, maka Anda harus mengenal Yesus. Tidak ada cara lain.

Itulah sebabnya merupakan kabar baik bila Yesus bukan hanya "Akulah Aku" yang agung. Ia juga selamanya adalah *salah seorang dari kita.*

# 5

# . . . ADALAH SALAH SEORANG
# DARI KITA

Sejak awal sejarah kekristenan, kelompok tertentu berusaha menyangkali bahwa Yesus benar-benar manusia. Bukti akan keilahian Yesus sangat kuat, kata mereka, sehingga Ia tidak mungkin manusia. Ia hanya Allah yang memakai kulit manusia, atau suatu jenis antara Allah dan manusia, tetapi tidak mungkin Ia *salah seorang* dari kita. Orang-orang yang menyangkali kemanusiaan Yesus dikenal dengan sebutan para *Doketis*. Nama itu berasal dari kata *doke* dalam bahasa Yunani, yang berarti "kelihatan," dan itu cocok sekali dengan pandangan mereka: Yesus tidak benar-benar manusia; Ia hanya *kelihatan* seperti manusia.

Orang-orang Kristen yang lain dengan cepat mengumumkan bahwa Doketisme itu salah. Mereka membaca Alkitab dan memahami bahwa Yesus bukan sekadar kelihatan seperti manusia, seakan-akan Ia hantu, atau seolah-olah Allah hanya mengenakan penampilan manusia tetapi bukan realitasnya. Tidak; jika Alkitab dapat dipercaya, maka Yesus adalah manusia. Orang-orang Kristen tidak dapat menyangkal keilahian-Nya. Mereka diyakinkan bahwa Yesus adalah Anak Allah, sang Pencipta dunia, sang "Akulah Aku" yang agung. Namun, mereka juga yakin bahwa sang "Akulah Aku" itu menjadi salah seorang dari kita.

## Bukan Sekadar Berkunjung

Cerita-cerita tentang kehidupan Yesus penuh dengan bukti bahwa Ia adalah manusia, sama seperti kita. Alkitab memberi tahu kita bahwa Ia merasa lapar, haus, capek, dan bahkan mengantuk (ingat peristiwa ketika Ia ketiduran di perahu?). Ia bukan apa yang dipikirkan oleh orang-orang Yunani dan Romawi sebagai "dewa," yaitu sosok penghuni gunung Olimpus yang terkadang mengenakan wujud manusia tetapi tidak pernah benar-benar menjadi manusia, dengan semua tantangan dan kelemahannya. Tidak; Yesus benar-benar manusia, dan Ia harus hidup dengan semua itu seperti Anda dan saya.

Itu berarti ketika Ia tidak cukup makan, Ia merasa lapar. Ketika Ia tidak cukup tidur, Ia mengantuk. Ketika tentara Romawi melesakkan duri ke kepala-Nya dan menancapkan paku ke pergelangan tangan-Nya, itu terasa sakit bukan main bagi-Nya. Ketika sahabat-Nya meninggal, Ia menangis—sekalipun beberapa menit kemudian Ia menghidupkan kembali sahabat-Nya itu! Ia bahkan bisa menjadi lemah. Alkitab memberitahu bahwa setelah tentara Romawi mencambuki Yesus, mereka harus memaksa seorang penonton untuk menggotong salib Yesus ke tempat penyaliban. Lalu, ada bukti yang paling jelas bahwa Yesus adalah manusia: Ia mati. Ia tidak sekadar *tampak* mati, atau *setengah* mati, atau *sepertinya* mati, atau mati *dalam pengertian tertentu*. Memang benar bahwa kisah tersebut tidak berakhir dengan kematian Yesus, tetapi tidak ada penjelasan yang lain: Ia mati.[53]

Penting bagi kita untuk memahami bahwa Yesus benar-benar manusia karena itu berarti Ia tidak sekadar berkunjung ke dalam dunia kita. Itu sesuatu yang baik memang—bahwa Allah datang berkunjung. Namun, bukan itu yang terjadi. Yang terjadi adalah ketakjuban yang melampaui itu. Allah Pencipta, sang "Akulah Aku" menjadi manusia.

---

53  Mat. 4:2; 8:24; 27:50; Yoh. 19:2; 11:35; 19:33.

Orang-orang Kristen menyebutnya sebagai *inkarnasi*, yang merupakan istilah dalam bahasa Latin untuk "pendagingan." Gagasannya adalah bahwa di dalam Yesus, Allah mengenakan daging manusia. Namun, kita harus hati-hati karena kata itu bisa salah dimengerti. Bila dimengerti secara keliru, Anda akan membayangkan bahwa kemanusiaan Yesus hanya sebatas kulit—Allah sekadar mengenakan kulit manusia seperti kita mengenakan mantel, dan sebatas itulah kemanusiaan Yesus. Namun, itu akan membawa kita mendekat kepada paham Doketisme, yaitu gagasan bahwa Yesus hanya *kelihatan seperti* manusia. Apa pun pendapat Anda, Anda pasti setuju bahwa esensi kemanusiaan bukan hanya sebatas kulit, dan Alkitab berkata bahwa Yesus adalah manusia sampai ke dasarnya. Itulah sebabnya orang-orang Kristen selama berabad-abad berketetapan menggambarkan Yesus "sepenuhnya Allah dan sepenuhnya manusia." Ia bukan sebagian Allah dan sebagian manusia, atau campuran Allah dan manusia, atau sesosok makhluk di antara Allah dan manusia.

Ia adalah Allah.

Dan, Ia adalah manusia.

Inilah yang patut dicermati: kenyataan itu tidak bersifat sementara. Yesus sekarang adalah manusia, selamanya. Beberapa tahun yang lalu, saya sedang menikmati sarapan dengan seorang teman, dan kebenaran itu mencuat ketika kami bercakap-cakap tentang (tenangkan diri Anda) kehidupan alien. Saya dan teman saya berdebat mengenai apakah kehidupan cerdas di luar bumi itu ada, apakah Alkitab mengatakan sesuatu tentang itu, dan lain sebagainya. Sebuah pertanyaan tiba-tiba terlintas: seandainya alien itu ada, dan seandainya mereka orang berdosa seperti kita, dapatkah Allah menyelamatkan mereka, dan bagaimana Ia akan melakukannya?

Jawaban saya adalah, "Tentu saja Ia bisa! Yesus hanya perlu berinkarnasi menjadi makhluk Mars dan mati karena dosa-dosa mereka juga! Lalu, Ia juga bisa memutuskan hal yang sama untuk bangsa Klingon [dari film Star Trek]." Jawaban itu terdengar masuk akal, tetapi tahukah Anda mengapa itu salah? Teman saya menggelengkan kepala dan berkata, "Tidak, Greg. Yesus itu manusia; selalu dan selamanya. Ia tidak akan pernah menjadi ras apa pun selain manusia." Saya tidak pernah berpikir seperti itu sebelumnya.

### Singkatnya, Ia Mengasihi

Itu memang sebuah percakapan yang *nyeleneh*, tetapi kesadaran yang dimunculkannya luar biasa: Yesus adalah manusia, *dan Ia selalu akan menjadi manusia*. Sekarang ini, duduk di takhta surga, adalah seorang Manusia. Ketika Ia menghakimi seluruh dunia nanti, Ia adalah manusia. Di dalam kekekalan, zaman berganti zaman, Allah tetap manusia. Ia tidak mengenakan kemanusiaan, seperti mantel, lalu melepasnya lagi ketika Ia pulang ke surga. Ia menjadi manusia secara hati, jiwa, pikiran, dan kekuatan.

Bayangkan sejenak betapa Anak Allah mengasihi manusia sehingga Ia menutuskan bahwa Ia akan menjadi manusia selamanya. Ia telah ada di dalam kekekalan, sebagai Pribadi kedua dari Tritunggal, dalam relasi yang sempurna, harmonis, dan indah dengan Allah Bapa dan Allah Roh Kudus, tetapi Ia memutuskan menjadi manusia dan tidak akan menjadi non-manusia lagi. Hanya ada satu hal yang akan mendorong Anak Allah melakukan itu: Ia sangat mengasihi kita, dan Anda dapat melihat kenyataan itu di dalam setiap rincian kehidupan-Nya.

Berulang kali para penulis Alkitab memberi tahu kita bahwa Yesus tergerak oleh belas kasihan bagi orang-orang di sekitar-Nya. Menurut Matius, alasan Ia tahan berjam-jam menyembuhkan orang-

orang adalah karena Ia berbelas kasihan terhadap mereka. Menurut Markus, alasan Ia mengajar orang-orang adalah karena Ia berbelas kasihan terhadap mereka. Ketika Ia memperhatikan empat ribu orang yang belum makan pada hari itu, Ia memberi tahu murid-murid-Nya, "Hati-Ku tergerak oleh belas kasihan kepada orang banyak itu. Sudah tiga hari mereka mengikuti Aku dan mereka tidak mempunyai makanan. Aku tidak mau menyuruh mereka pulang dengan lapar, nanti mereka pingsan di jalan." Ketika Ia tiba di seberang danau dan disambut kerumunan orang yang rindu mendengarkan pengajaran-Nya, "maka tergeraklah hati-Nya oleh belas kasihan kepada mereka, karena mereka seperti domba yang tidak mempunyai gembala. Lalu mulailah Ia mengajarkan banyak hal kepada mereka."[54]

Suatu kali Ia berpapasan dengan prosesi pemakaman seorang anak muda yang baru meninggal—putra tunggal dari seorang janda yang sekarang tidak memiliki topangan hidup. Inilah yang terjadi kemudian: "Dan ketika Tuhan melihat janda itu, tergeraklah hati-Nya oleh belas kasihan, lalu Ia berkata kepadanya: 'Jangan menangis!' Sambil menghampiri usungan itu Ia menyentuhnya, dan sedang para pengusung berhenti, Ia berkata: 'Hai anak muda, Aku berkata kepadamu, bangkitlah!' Maka bangunlah orang itu dan duduk dan mulai berkata-kata, dan Yesus menyerahkannya kepada ibunya."[55]

Ketika Ia tiba di rumah sahabat-Nya, Lazarus, dan melihat saudarinya meratapi kematian Lazarus, "masygullah hati-Nya" dan "Ia sangat terharu." Yesus bertanya, "Di manakah dia kamu baringkan?" Dan mereka membawanya ke makam Lazarus. Alkitab berkata bahwa di depan makam sahabat-Nya itu "menangislah Yesus." Semua orang tahu bahwa itu keluar dari rasa duka dan kasih-Nya. Orang-orang Ya-

---

54  Mat. 15:32; Mrk. 6:34; baca Mat. 6:34; 14:1.
55  Luk. 7:13-15.

hudi menggelengkan kepala dan berkata, "Lihatlah, betapa kasih-Nya kepadanya!"[56]

Apakah Anda mengenali pribadi seperti apa Yesus itu? Ia bukan manusia licik penuh perhitungan yang mengklaim diri raja dan allah demi keuntungan diri sendiri. Tidak; Yesus adalah seorang Pria yang jantung-Nya berdetak dengan kasih bagi orang-orang di sekitar-Nya. Ia menikmati waktu yang dihabiskan-Nya bersama orang-orang yang terbuang, makan bersama mereka, dan bahkan menghadiri pesta mereka, karena kata-Nya, "Bukan orang sehat yang memerlukan tabib, tetapi orang sakit; Aku datang bukan untuk memanggil orang benar, tetapi orang berdosa, supaya mereka bertobat."[57] Ia menggendong anak-anak kecil, memeluk mereka, memberkati mereka, dan bahkan menegur murid-murid-Nya karena mereka berusaha menghalang-halangi mereka. Ia sendiri merangkul murid-murid-Nya, membagikan lelucon, memanggil nama mereka dengan lembut, menguatkan, mengampuni, meyakinkan, dan memulihkan. Singkatnya, Ia *mengasihi* manusia.

Anda lihat? Ketika Ia mengadakan hal-hal yang ajaib—hal-hal yang hanya dapat dikerjakan oleh Allah sendiri—Ia melakukannya dengan lemah lembut, belas kasihan, dan kasih. Ia bukan hanya *dulu* manusia; sekarang pun Ia manusia untuk menunjukkan kepada kita bagaimana seharusnya manusia seperti rancangan Allah.

### Mengapa Allah Anak Menjadi Manusia?
### Karena Kita Memerlukan Hal Itu

Namun, penting bagi kita untuk menyadari bahwa Yesus tidak datang hanya untuk menunjukkan kepada kita kemanusiaan yang

---

56  Yoh. 11:33-36.

57  Luk. 5:31-32.

sejati seperti yang dimaksudkan Allah pada mulanya. Tidak; Yesus menjadi manusia karena kita *memerlukan* hal itu. Kita memerlukan seseorang untuk mewakili kita di hadapan Allah dan menjadi pengganti kita. Itulah sebabnya Yesus datang—untuk menjadi Raja Pahlawan yang akan menyelamatkan rakyat yang dikasihi-Nya.

Karena itu, bagian dari apa yang dilakukan Yesus ketika Ia menjadi manusia, adalah *menyamakan diri-Nya* dengan kita, menjadi satu dengan kita sehingga Ia dapat mewakili kita. Itulah sebabnya Yesus bersikeras sebelum memulai pelayanan-Nya agar Yohanes Pembaptis membaptis dia. Pada mulanya Yohanes keberatan, karena ia tahu bahwa baptisannya mewakili pertobatan—itu diperuntukkan bagi orang-orang yang menyadari bahwa mereka berdosa dan berbalik dari dosa-dosa mereka—dan ia tahu bahwa Yesus, sebagai Anak Allah yang tak berdosa, tidak memerlukan pertobatan. Yesus tidak menegur Yohanes karena mencoba menolak permintaan-Nya; Ia tahu bahwa Ia tidak memerlukan pertobatan. Maka, Ia berkata kepada Yohanes Pembaptis, "Biarlah hal itu terjadi, karena demikianlah sepatutnya kita menggenapkan seluruh kehendak Allah."[58] Dengan kata lain, Yesus berkata, "Engkau benar, Yohanes. Aku tidak memerlukan baptisan pertobatan, tetapi Aku memikirkan tujuan lain untuk ini, dan sekarang, adalah baik dan benar bila kita melakukan hal ini." Anda lihat? Yesus dibaptis bukan karena Ia memerlukan pertobatan atas dosa apa pun tetapi untuk menunjukkan bahwa Ia benar-benar sama dengan manusia yang berdosa. Ia menjumpai kita di mana kita berada, menempatkan diri-Nya dalam posisi kita, mengambil tempat di antara kita, bergandengan tangan dengan umat manusia yang berdosa dan bobrok.

Apakah Anda ingat apa yang terjadi selanjutnya, bukan? Ada

---

58  Mat. 3:15.

suara dari surga mengakui Yesus sebagai Anak Allah yang *kekal,* dan menobatkan Dia sebagai anak Allah, Raja Israel. Ada banyak hal lain yang bisa dicermati dari suara itu, tetapi sekarang cukuplah bagi kita untuk melihat bahwa itulah sebabnya Yesus merelakan diri-Nya dibaptis bersama orang-orang berdosa. Ia mengambil posisi sebagai Pengganti mereka, Raja dan Pahlawan mereka.

### Pertempuran Dimulai

Markus menulis bahwa "Segera sesudah itu Roh memimpin Dia ke padang gurun. Di padang gurun itu Ia tinggal empat puluh hari lamanya, dicobai oleh Iblis."[59] Ini langkah selanjutnya yang tepat. Setelah menerima status raja, menyamakan diri-Nya dengan para pendosa, Raja Yesus berdiri untuk berperang bagi mereka, berangkat dari kekalahan mereka dan memenangkan pertempuran bagi mereka. Maka, Ia pergi ke padang gurun untuk melawan musuh abadi umat-Nya. Mulailah pertempuran yang telah berkecamuk di sepanjang sejarah—antara Iblis sang Pendakwa dan Yesus, sang Raja yang agung.

Hal-hal rinci yang sepertinya tidak penting dari kisah tersebut menunjukkan bahwa Raja Yesus melakukan pertempuran yang sama yang dulu menghasilkan kekalahan bagi bangsa Israel. Ingat bahwa pencobaan itu terjadi di padang gurun. Dulu bangsa Israel mengembara di padang gurun selama satu generasi, dan generasi itu gagal. Dan mengenai puasa empat puluh hari? Itu mewakili empat puluh tahun Israel mengembara di padang gurun—Yesus secara simbolis mewakilkan satu hari untuk setiap tahun. Apa yang terjadi di situ jelas sekali. Setelah mengenakan mahkota raja, Yesus sekarang berperang mewakili rakyat-Nya.

---

59  Mrk. 1:12-13.

Matius menceritakan lebih banyak mengenai pencobaan Iblis terhadap Yesus itu. Itu salah satu momen yang dramatis di dalam kehidupan Yesus. Sembari Iblis melontarkan tiga pencobaan, sengitnya pertempuran membubung sampai ke langit. Latar geografis yang digunakan menunjukkan hal ini: yang pertama terjadi di padang gurun, yang kedua di puncak Bait Suci, dan yang terakhir di puncak gunung yang tinggi. Seolah-olah ketinggian lokasi pertempuran meningkat seiring sengitnya pertempuran.

Pencobaan pertama Iblis tidak tampak seperti sebuah ujian. "Jika Engkau Anak Allah," kata Iblis, "perintahkanlah supaya batu-batu ini menjadi roti." Ingat bahwa Yesus telah berpuasa lebih dari sebulan. Ia pasti lapar sekali. Selain itu, Yesus akan segera melakukan mukjizat-mukjizat yang jauh lebih menakjubkan daripada sekadar mengubah batu menjadi roti, sehingga tindakan itu seharusnya mudah bagi Dia. Jika itu benar, lantas mengapa salah bila Ia melakukannya? Jawabannya terdapat pada jawaban Yesus terhadap Iblis: "Ada tertulis: Manusia hidup bukan dari roti saja, tetapi dari setiap firman yang keluar dari mulut Allah." Intinya bukan apakah Yesus akan *melakukan sesuatu atau apapun* yang dianjurkan Iblis. Masalahnya adalah apakah Yesus akan—seperti Israel di zaman lampau—menuntut kenyamanan dan kelegaan sekarang, atau apakah Ia akan menuruti jalan kerendahan hati dan penderitaan yang disediakan Bapa-Nya di hadapan-Nya. Sementara manusia berulang kali berdosa dengan menuntut kelegaan yang instan, Raja Yesus meyakini bahwa Allah akan memelihara dan menjaga-Nya.

Setelah Yesus mengatasi pencobaan pertamanya, Iblis kemudian membawa-Nya ke Yerusalem dan menempatkan-Nya pada titik tertinggi dari Bait Suci. Ketinggian itu pasti membuat pusing. "Jika Engkau Anak Allah," kata Iblis, "jatuhkanlah diri-Mu ke bawah, sebab ada tertulis: Mengenai Engkau Ia akan memerintahkan malaikat-malaikat-Nya dan mereka akan menatang Engkau di atas tangannya, supaya kaki-Mu jangan terantuk kepada batu." Sekali lagi, yang dilakukan Iblis sangat masuk akal, dan sekarang ia bahkan mengutip Kitab Suci kepada Yesus. Namun, sama seperti sebelumnya, pencobaan ini mendorong Yesus untuk bertindak dengan caranya sendiri ketimbang dengan cara Allah—seperti yang sering dilakukan bangsa Israel, menuntut agar Allah *membuktikan* pemeliharaan-Nya.

Anda lihat? Iblis mencobai Yesus untuk meninggikan diri-Nya melampaui Bapa-Nya dengan cara memaksa tangan Bapa-Nya ketimbang menerima keputusan Bapa-Nya. Yesus menolak melakukan itu dan menjawab Iblis, "Ada pula tertulis: Janganlah engkau mencobai Tuhan, Allahmu!" Dengan kata lain, jangan meragukan Allah dengan menuntut bukti pemeliharaan-Nya. Percayalah kepada-Nya, terima perkataan-Nya, maka Ia akan menjaga Anda sesuai dengan cara dan waktu-Nya.

Pencobaan ketiga adalah yang paling kurang ajar. Setelah membawa Yesus ke puncak sebuah gunung yang tinggi, Iblis menunjukkan kepada-Nya semua kerajaan di dunia dan kemuliaannya. Lalu, ia mengajukan tawaran ini: "Semua itu akan kuberikan kepada-Mu," katanya, "jika Engkau sujud menyembah aku." Betapa lancang dan kurang ajarnya tawaran itu. Makhluk itu meminta Penciptanya untuk tunduk dan menyembah dia, dan sebagai imbalannya ia akan menyerahkan segala sesuatu yang telah dijanjikan Bapa-Nya kepada-Nya—tetapi *bukan* melalui jalan penderitaan yang ditetapkan Bapa-Nya kepada-Nya. Israel berkali-kali menghadapi ujian demikian—tergoda untuk beraliansi dengan negara-negara tetangga, merancang siasat dan membangkang, untuk memperoleh keamanan dan kemuliaan dari manusia lain, bukan dari Allah. Berulang kali

Israel gagal dalam pencobaan itu; Raja Yesus tidak. Ia mengakhiri pertempuran itu dan menghardik Penggoda itu, "Enyahlah, Iblis! Sebab ada tertulis: Engkau harus menyembah Tuhan, Allahmu, dan hanya kepada Dia sajalah engkau berbakti!"[60]

Bisakah Anda melihat apa yang dilakukan Yesus di dalam pencobaan di padang gurun itu? Ia berperang demi kebenaran dan ketaatan yang dulu tidak dapat dimenangkan oleh umat-Nya, Israel. Tiga pencobaan yang dilontarkan Iblis kepada-Nya—meragukan Allah, memaksa tangan Allah, tidak menyembah Allah—adalah tiga kegagalan utama bangsa Israel. Tiga pencobaan itu adalah serangan pamungkas Iblis, dan sekarang ia melontarkannya kepada Raja Israel. Namun, kali ini ia gagal. Raja Yesus berhasil mengalahkannya dalam setiap langkah. Pahlawan Israel menjalani pertempuran yang dulu dialami rakyat-Nya, dan Ia menang.

Lukas mencatat bahwa "Sesudah Iblis mengakhiri semua pencobaan itu, ia mundur dari pada-Nya dan menunggu waktu yang baik."[61] Perang belum usai, tetapi pertempuran untuk memenangkan jiwa manusia—yang telah berkecamuk selama berabad-abad—sekarang mulai membuahkan hasil.

---

60  Mat. 4:3-10.

61  Luk. 4:13.

# 6
# KEMENANGAN
# ADAM YANG TERAKHIR

Sebuah konflik sering kali berakar pada sejarah. Jika Anda membaca tajuk utama surat-surat kabar tentang perang dan konflik yang terjadi setiap hari, Anda akan menemukan bahwa peristiwa-peristiwa itu jarang terjadi tiba-tiba. Terkadang, asal mula sebuah konflik berasal dari berabad-abad yang lampau.

Begitu pula dengan Yesus dan Iblis. Ketika Yesus berjumpa dan mengalahkan sang Pendakwa di padang gurun, itu adalah momen puncak dari konflik berusia ribuan tahun yang melibatkan seluruh umat manusia. Pencobaan di padang gurun merupakan permulaan dari akhir konflik itu. Selama berabad-abad Iblis menentang Allah dan rencana-rencana-Nya di dunia, tetapi sekarang Ia berhadapan muka dengan Dia yang akan mengalahkan-Nya. Bukan berarti Iblis tidak menyadari siapa Yesus ketika itu; dua pencobaannya secara khusus menyerang identitas-Nya sebagai Anak Allah. Namun, se-kalipun ia mengenali-Nya, Iblis masih percaya ia bisa menyebabkan Yesus berdosa. Mengapa tidak? Setiap manusia di dalam sejarah telah jatuh ke dalam godaannya. Mengapa Manusia yang satu itu tidak? Ia mengira Allah melakukan kesalahan dengan menjadi manusia seperti itu, dengan mengenakan daging, kelemahan, dan keterbatasan manu-sia. Mungkin Allah akhirnya dapat dikalahkan.

Namun, pada akhir dari perjumpaannya yang pertama dengan Yesus, Iblis menyadari bahwa harapan itu sia-sia. Ketika Anda meli-hat taktiknya yang terbaik gagal, Anda harus bertanya, apakah ia akan mundur karena menyadari bahwa akhir kekuasaannya sudah dekat. Anda harus bertanya, apakah ia mengingat suara Allah yang pernah berjanji ribuan tahun yang lalu, "Ketika Raja itu datang, Ia akan meremukkan kepalamu, tetapi engkau akan meremukkan tumit-Nya."[62]

Itu membuatnya merindukan hari ketika perang terhadap Allah sepertinya memiliki peluang untuk menang.

### Ia Ingin Melengserkan Allah dari Takhta-Nya

Alkitab tidak banyak berbicara tentang Iblis. Fokusnya adalah pada Allah, relasi-Nya dengan manusia, pemberontakan dan dosa manusia terhadap Dia, dan rencana-Nya untuk menyelamatkan dan mengampuni mereka. Namun, Iblis, sang Penggoda dan Pendakwa manusia itu, Musuh Allah yang terbesar, dan rencana-rencana jahatnya, selalu ada setiap saat. Kita tidak banyak diceritakan tentang asal-usulnya, tetapi Alkitab memuat beberapa petunjuk mengenai dari mana ia berasal. Jelas bahwa Iblis bukan sosok antiAllah, yang setara dengan Allah tetapi bertolak belakang sifatnya. Dengan kata lain, ia tidak pernah merupakan sifat *yang* bagi sifat *yin* Allah.

Sebenarnya beberapa nabi Perjanjian Lama pernah menceritakan bahwa Iblis pada mulanya adalah seorang malaikat yang diciptakan Allah untuk melayani Dia sama seperti semua malaikat yang lain. Beginilah Yehezkiel menggambarkannya:

> Gambar dari kesempurnaan engkau,
> penuh hikmat dan maha indah.
> Engkau di taman Eden, yaitu taman Allah
> penuh segala batu permata yang berharga:
> yaspis merah, krisolit dan yaspis hijau,

---

62  Baca Kej. 3:15.

permata pirus, krisopras dan nefrit,
lazurit, batu darah dan malakit.
Tempat tatahannya diperbuat dari emas
dan disediakan pada hari penciptaanmu.
Kuberikan tempatmu dekat kerub yang berjaga,
di gunung kudus Allah engkau berada
dan berjalan-jalan di tengah batu-batu yang bercahaya-cahaya.
Engkau tak bercela di dalam tingkah lakumu
sejak hari penciptaanmu
sampai terdapat kecurangan padamu.[63]

Bila Anda membaca Kitab Yehezkiel, jelaslah bahwa ayat-ayat tersebut secara langsung berbicara tentang raja dari sebuah kota yang bernama Tirus. Seluruh perikop itu didahului dengan perkataan pembuka Allah kepada Yehezkiel, "Ucapkanlah suatu ratapan mengenai raja Tirus."[64] Namun, nubuatan-nubuatan Perjanjian Lama merupakan berita-berita indah yang penuh misteri, dan terkadang ada hal yang lebih mendalam daripada yang terlihat. Itulah yang kita baca pada bagian tersebut. Dari kata-kata pertamanya, jelas bahwa Yehezkiel tidak *hanya* berbicara tentang raja negeri Tirus. Lagipula, apa artinya mengatakan bahwa orang tersebut—penguasa yang kaya atas kota pesisir pantai pada kebudayaan Timur Dekat Kuno—berada *di Eden*, dulunya *seorang kerub penjaga yang diurapi*, dan bahwa ia tinggal *di gunung kudus Allah*? Itu tidak masuk akal; bahkan dalam bentuk puisi sekalipun, itu terlalu berlebihan dan ganjil.

Jelas ada sesuatu di baliknya, dan kita diajak untuk membayangkan sebuah efek film. Seolah-olah wajah dari Raja Tirus yang jahat

---

63  Yeh. 28:12-15.
64  Yeh. 28:12.

bergonta-ganti dengan sebuah wajah yang lain—wajah dari dia yang berada di balik kejahatan Tirus, yang mendorong, membangkit-kan, dan membentuk karakternya tercermin padanya. Apakah Anda mengerti apa yang sedang dilakukan Yehezkiel pada bagian itu? Untuk menguatkan kesan nubuatannya terhadap Raja Tirus, ia memberikan kita cuplikan dari sosok yang merupakan perwujudan nyata pem-berontakan terhadap Allah, yaitu Iblis. Jadi, Yehezkiel melanjutkan dengan menceritakan peristiwa kejatuhan Iblis dari kedudukannya: "Engkau sombong karena kecantikanmu, hikmatmu kaumusnahkan demi semarakmu. Ke bumi kau Kulempar, kepada raja-raja engkau Kuserahkan menjadi tontonan bagi matanya."[65] Seorang nabi yang lain, yaitu Yesaya, menggambarkan dosa Iblis demikian: "Wah, engkau sudah jatuh dari langit, hai Bintang Timur, putera Fajar, engkau sudah dipecahkan dan jatuh ke bumi, hai yang mengalahkan bangsa-bang-sa! Engkau yang tadinya berkata dalam hatimu: Aku hendak naik ke langit, aku hendak mendirikan takhtaku mengatasi bintang-bintang Allah . . . Aku hendak naik mengatasi ketinggian awan-awan, hendak menyamai Yang Mahatinggi!"[66]

Lebih dari semua yang lain, dosa Iblis yang terutama adalah kesombongan. Sekalipun ia telah menyandang segala keindahan dan semarak surgawi, ia tidak puas dengan kreasi Allah atasnya. Ia menginginkan lebih. Seperti kata Yesaya, ia ingin "menyamai Yang Mahatinggi." Ia ingin melengserkan Allah dari takhta-Nya.

Tidak heran, ketika Iblis menyerang umat manusia, menggoda mereka untuk memberontak melawan Allah, ia menjanjikan bahwa jika mereka mau membelakangi otoritas Allah, mereka pun bisa *men-jadi seperti Allah*?

---

65  Yeh. 28:17.
66  Yes. 14:12-14.

**Sebuah Pengingat Hidup bahwa Allah adalah Raja**

Kisahnya dimulai sejak permulaan Alkitab, yaitu di dalam Kitab Kejadian [Inggris: *Genesis*]. Dengan segera menjadi jelas mengapa umat manusia memerlukan Yesus. Setelah berhasil menggoda manusia-manusia pertama untuk berdosa, Iblis melancarkan serangan yang ia pikir akan menghancurkan umat manusia sama sekali, dan sekaligus tidak hanya menghancurkan hati Allah, tetapi juga takhta-Nya.

Kata *genesis* berarti "permulaan," dan itulah yang diceritakan oleh buku tersebut. Di dalam bab-bab awalnya, kita diberi tahu bagaimana Allah menciptakan seluruh dunia—darat, laut, burung-burung, hewan-hewan darat, dan ikan-ikan—hanya dengan berfirman. Dan, setiap kali setelah itu tercipta; semuanya tampak baik. Kitab Kejadian juga memberi tahu kita bagaimana Allah membuat puncak ciptaan, yaitu manusia. Manusia pertama bukan seperti binatang. Ia spesial, diciptakan Allah "menurut gambar-Nya," dan melampaui semua ciptaan yang lain. Umat manusia memiliki tempat yang khusus di hati Allah, dan di dalam rencana-Nya. Beginilah Kitab Kejadian menggambarkan cara Allah menciptakan manusia pertama: "TUHAN Allah membentuk manusia itu dari debu tanah dan menghembuskan nafas hidup ke dalam hidungnya; demikianlah manusia itu menjadi makhluk yang hidup."[67] Kata dalam bahasa Ibrani untuk "manusia" adalah *adam*, yang secara alami menjadi nama manusia pertama.

Allah begitu baik kepada Adam sejak awal. Ia menempatkannya di sebuah tempat yang khusus di atas bumi yang disebut Eden. Di dalamnya Allah membuat sebuah taman. Itu sebuah tempat yang indah, yang melaluinya mengalir sebuah sungai dan yang menumbuhkan "berbagai-bagai pohon dari bumi, yang menarik dan yang baik untuk

---

67  Kej. 2:7.

dimakan buahnya." Apalagi, di tengah-tengah taman itu berdiri dua pohon yang spesial, yaitu Pohon Kehidupan dan Pohon Pengetahuan yang Baik dan yang Jahat. Kehidupan Adam di dalam taman itu sangat baik, tetapi sampai saat itu belum sempurna. Adam memerlukan teman hidup, dan Allah mengetahuinya. "Tidak baik, kalau manusia itu seorang diri saja. Aku akan menjadikan penolong baginya, yang sepadan dengan dia." Maka, Allah melakukan apa yang secara alami akan kita lakukan pada waktu itu: Ia membuat Adam menamai semua binatang![68]

Jika Anda bertanya "mengapa demikian?", maka Anda tidak sendiri! Alur cerita tak terduga itu telah sering membuat orang-orang Kristen garuk-garuk kepala. Kebanyakan orang, bahkan yang sudah lama menjadi Kristen, menceritakannya seperti jeda iklan sebelum film dilanjutkan dengan penciptaan Hawa. Namun, jika Anda ingin memahami Alkitab, satu prinsip yang penting untuk diingat adalah itu tidak pernah terjadi secara acak. Kisah tentang Adam yang menamai binatang-binatang mengimplikasikan banyak hal penting. Satu, Allah memberi sebuah pelajaran yang penting kepada Adam. Sembari semua binatang, burung, ikan, dan serangga berparade di depannya, dan Adam menamai mereka satu persatu, misalnya, "Harimau!", "Badak!", "Nyamuk", ia menyadari bahwa tidak satu pun dari makhluk-makhluk itu yang cocok untuk menjadi teman hidupnya. Tidak satu pun dari mereka mirip dengannya.

Setelah Adam memahami pelajaran itu, Allah membuatnya tidur lelap dan, dengan mengambil salah satu sisi rusuk tubuhnya, Allah membuat wanita pertama menjadi teman hidup Adam. Bayangkan senangnya Adam ketika ia terbangun dan melihatnya berdiri di sana! Ia sempurna! Khususnya setelah melihat betapa besarnya paus biru,

---

68  Kej. 2:8-10, 18.

betapa jangkungnya jerapah, dan betapa kerasnya kumbang, Adam berseru, "*Inilah dia*, tulang dari tulangku dan daging dari dagingku. Ia akan dinamai perempuan, sebab ia diambil dari laki-laki."[69] Itulah bagian dari alasan mengapa Allah menyuruh Adam menamai semua binatang. Ia ingin agar Adam tahu, tanpa tebak-tebakan, bahwa wanita yang berdiri di hadapannya diciptakan khusus untuknya, bahkan dengan cara yang paling intim *darinya*.

Ada sesuatu yang lain yang terjadi pada kegiatan menamai binatang itu. Itu sama sekali bukan sebuah kegiatan iseng. Itu merupakan cara Allah menyampaikan kepada Adam bahwa ia memiliki tugas khusus yang harus dilakukan di dunia. Sebagai batu penjuru ciptaan—satu-satunya ciptaan yang dijadikan menurut gambar Allah—Adam harus menjadi pemimpin di dunia milik Allah. Memberi nama adalah cara untuk menyatakan otoritas atasnya, seperti seorang ayah atau ibu memiliki hak istimewa menamai anaknya. Jadi, dengan memberi nama kepada binatang, Adam sebenarnya menyatakan otoritasnya atas mereka. Ia melakukan tugasnya sebagai wakil Allah untuk memerintah atas ciptaan, di bawah Allah sendiri.

Fakta itu juga penting untuk diingat ketika kita membaca bahwa segera setelah Adam melihat wanita tersebut, ia menamainya "*Wanita*," dan nanti Alkitab berkata bahwa ia menamainya lagi—"Orang itu menamai istrinya *Hawa*." Anda dapat melihat apa yang sedang dilakukan Allah. Ia membangun sistem otoritas yang di dalamnya Adam diberikan kuasa atas Hawa, dan mereka berdua sebagai suami dan istri diberikan otoritas atas ciptaan. Semua itu dirancang untuk mencerminkan kenyataan bahwa Allah duduk bertakhta di atas semuanya. Itulah bagian dari apa yang dimaksud Allah ketika Ia berkata bahwa Ia akan menciptakan pria dan wanita "menurut gambar-Nya." Sebu-

---

69  Kej. 2:23.

ah patung sering kali dipakai oleh raja penakluk untuk mengingatkan mereka yang telah ditaklukkan mengenai siapa yang memerintah mereka sekarang. Dengan ditaruh pada sebuah tempat yang tinggi sehingga terlihat dari semua penjuru, patung itu akan menyampaikan pesan ke seluruh rakyat, "Inilah raja kalian!" Begitulah yang terjadi pada Adam dan Hawa di dalam penciptaan Allah. Terlepas dari pertimbangan yang lain mengapa manusia diciptakan menurut gambar Allah, manusia harus berdiri di dunia sebagai pengingat yang hidup bagi seluruh alam semesta bahwa Allah adalah Raja. Sekalipun mereka memiliki otoritas atas ciptaan, mereka menjalankan peran itu sebagai perwakilan dari Raja agung mereka, yaitu Allah sendiri.

Semua itu pasti membuat Iblis sakit hati tiada akhir.

### Kehancurannya Hampir Total

Serangan Iblis terhadap manusia diperhitungkan dengan cermat untuk menjungkirbalikkan segala sesuatu yang telah dikerjakan Allah di taman itu. Anda lihat, Ia tidak hanya tertarik untuk membuat seorang manusia melakukan satu dosa kecil terhadap Allah. Ia ingin menjungkirbalikkan setiap struktur otoritas, setiap simbol kerajaan dan pemerintahan Allah. Ia ingin agar seluruh struktur penciptaan—dari bawah ke atas—dijungkirbalikkan, dan ia ingin Allah dipermalukan.

Alkitab berkata bahwa Allah telah memberi tahu Adam dan Hawa bahwa mereka bebas makan dari semua pohon di taman Eden kecuali satu, yaitu Pohon Pengetahuan yang Baik dan yang Jahat. Pohon itu penting demi beberapa alasan. Satu, itu pengingat kepada manusia bahwa otoritas mereka atas ciptaan diturunkan dan dibatasi; mereka tidak berdaulat. Ketika Allah melarang mereka agar tidak memakan buah dari Pohon itu, Ia bukannya plin-plan. Ia sedang mengingatkan Adam dan Hawa bahwa Ia adalah Raja mereka, bahwa meski mereka dihormati sebagai wakil Allah terhadap penciptaan, Ia adalah Pencipta dan Tuhan mereka. Itulah sebabnya hukuman Allah yang dijanjikan terhadap pembangkangan itu begitu berat: "pada hari engkau memakannya, pastilah engkau mati."[70] Bila Adam dan Hawa melanggar perintah itu, itu sama dengan usaha menjungkirbalikkan otoritas Allah—pada dasarnya, pernyataan perang melawan sang Raja.

Pohon itu penting demi alasan yang lain juga. Para pembaca pertama Kitab Kejadian akan segera menyadari bahwa frasa "tahu yang baik dan jahat" adalah tugas seorang hakim di Israel. Itu berarti hakim tersebut akan mengenali yang baik dari yang jahat lalu mewariskan keputusan-keputusan yang mencerminkan kenyataan-kenyataan itu. Karena itu, Pohon Pengetahuan yang Baik dan yang Jahat adalah tempat penghakiman. Itu adalah tempat di mana Adam harus melaksanakan otoritasnya sebagai pelindung taman Allah, memastikan bahwa yang jahat tidak akan memasukinya, dan kalaupun itu berhasil, ia harus memastikan bahwa kejahatan dihakimi dan dibuang keluar.

Tepat di situlah—pada Pohon Penghakiman itu, pengingat atas pemerintahan Adam yang disahkan oleh kekuasaan Allah yang ultimat—Iblis melancarkan serangannya. Dengan mengambil wujud ular, ia menemui Hawa dengan tawaran agar ia melanggar perintah Allah dan memakan buah itu. Inilah cara Kitab Kejadian melukiskan perjumpaan itu:

> Adapun ular ialah yang paling cerdik dari segala bina-
> tang di darat yang dijadikan oleh TUHAN Allah.
> Ular itu berkata kepada perempuan itu: "Tentulah Allah

---

berfirman: Semua pohon dalam taman ini jangan kamu makan buahnya, bukan?" Lalu sahut perempuan itu kepada ular itu: "Buah pohon-pohonan dalam taman ini boleh kami makan, tetapi tentang buah pohon yang ada di tengah-tengah taman, Allah berfirman: Jangan kamu makan ataupun raba buah itu, nanti kamu mati." Tetapi ular itu berkata kepada perempuan itu: "Sekali-kali kamu tidak akan mati, tetapi Allah mengetahui, bahwa pada waktu kamu memakannya matamu akan terbuka, dan kamu akan menjadi seperti Allah, tahu tentang yang baik dan yang jahat." Perempuan itu melihat, bahwa buah pohon itu baik untuk dimakan dan sedap kelihatannya, lagipula pohon itu menarik hati karena memberi pengertian. Lalu ia mengambil dari buahnya dan dimakannya dan diberikannya juga kepada suaminya yang bersama-sama dengan dia, dan suaminya pun memakannya.[71]

Akibatnya sangat tragis dan, setidaknya pada saat itu, hampir menjadi sebuah kemenangan total bagi Iblis. Ia tidak hanya berhasil meyakinkan manusia-manusia pertama yang dikasihi Allah untuk menentang-Nya—dengan menjanjikan mereka sesuatu yang ia sendiri inginkan, "menjadi seperti Allah"—tetapi ia juga berhasil melakukan rencananya sejak awal: menjungkirbalikkan seluruh struktur otoritas ciptaan.

Inilah caranya: apakah Anda pernah bertanya-tanya mengapa Iblis datang kepada Hawa dan bukan Adam? Sekalipun Adam yang diberikan otoritas, dan meski seluruh Alkitab menyalahkan Adam,

---

71  Kej. 3:1-6.

Iblis pertama-tama mendatangi Hawa. Mengapa? Bukan karena Iblis mengira Hawa adalah sasaran yang mudah. Tidak; itu karena seluruh tujuannya adalah untuk mempermalukan Allah dan menjungkirbalikkan otoritas-Nya. Dan, Iblis ingin melakukannya dengan meyakinkan dan pasti. Karena itu, ia tidak hanya ingin agar Adam berdosa terhadap Allah; ia juga ingin agar Hawa menggerakkan Adam untuk memberontak terhadap Allah. Namun, ada yang lain lagi: apakah Anda pernah bertanya mengapa Iblis mendatangi manusia dalam bentuk ular? Mengapa tidak dalam bentuk manusia, atau binatang lain, misalnya jerapah atau anjing gembala? Alasan yang sama: Iblis ingin menjungkirbalikkan otoritas Allah secara total. Maka, ia datang sebagai seekor binatang yang seharusnya Adam dan Hawa berotoritas atasnya, dan juga (secara simbolis) *binatang yang paling rendah,* ular. Anda lihat? Seluruh struktur otoritas yang didirikan Allah jatuh seperti domino. Seekor binatang rendah menggoda wanita, yang kemudian melencengkan sang pria, sehingga menyatakan perang terhadap Allah.

Kehancurannya hampir total. Adam gagal di dalam semua tugasnya. Alih-alih menghakimi Ular itu atas kejahatannya di Pohon Pengetahuan yang Baik dan yang Jahat, ia bergabung dengan pemberontakan melawan Allah. Alih-alih menjaga taman itu dan mengusir Iblis ke luar, ia menyerahkan taman itu kepadanya. Alih-alih memercayai firman Allah dan bertindak atas dasar kepercayaan itu, ia meragukan firman Allah dan menyerahkan kepercayaan itu kepada Iblis. Alih-alih tunduk kepada Allah dan setia menjalankan perannya sebagai wakil Allah, ia menginginkan mahkota Allah. Sama seperti Iblis yang ada di hadapannya, ia juga memutuskan ingin menjadi "seperti Allah."

### Mimpi Buruk Seluruh Dunia

Konsekuensi dari dosa Adam merupakan malapetaka. Dengan dunia sekarang memberontak melawan sang Pencipta, Allah menerapkan keadilan dan mengutuk pria itu dan istrinya, dan juga dia yang telah menggoda mereka. Bagi pria dan wanita itu, Allah memutuskan bahwa hidup tidak akan lagi menjadi surga bagi mereka. Hidup mereka akan menjadi susah, mengganggu, dan menyakitkan. Melahirkan anak akan menyakitkan, upaya bersalin akan sangat sukar, dan bumi akan pelit mengeluarkan hasilnya. Yang paling buruk, relasi intim yang dinikmati Adam dan Hawa bersama Allah sekarang telah menjadi rusak; mereka diusir keluar dari taman Eden selamanya, dan jalan pulang ditutup dan dijaga oleh malaikat dengan pedang yang menyala-nyala. Itulah arti yang terdalam dari janji Allah menyangkut maut. Adam dan Hawa memang akan mati secara jasmani pada waktunya, tetapi kematian yang lebih penting yang mereka derita adalah kematian *rohani*. Mereka terpisahkan dari Allah, sang Pencipta kehidupan, dan jiwa mereka mati di bawah tekanan pemberontakan mereka.

Penting bagi kita untuk memahami bahwa dosa Adam dan Hawa tidak hanya memengaruhi mereka. Itu juga memengaruhi seluruh keturunan mereka. Karena itu, beberapa pasal berikutnya dari Alkitab menunjukkan bagaimana dosa berkembang pada umat manusia seiring generasi demi generasi berlalu. Kain, putra Adam dan Hawa, membunuh saudaranya, Habel, karena kesombongan dan iri hatinya, dan dari sana dosa menjadi semakin kuat mencengkeram hati manusia. Keturunan Kain mengembangkan dosa dengan membudaya—mereka membangun sebuah kota dan memajukan teknologi dan seni. Namun, Alkitab menunjukkan bahwa umat manusia semakin mengeraskan hati dan berketetapan untuk memberontak melawan

Allah, imoralitas, dan kekerasan. Salah satu keturunan Kain bahkan membanggakan bahwa ia telah membunuh seseorang karena orang itu memukulnya, dan membanggakan bahwa ia akan membalas siapa pun yang berani melukai dia tujuh puluh kali tujuh. Dosa telah menciptakan mimpi buruk bagi seluruh dunia.[72]

Pada waktu yang sama, dampak hukuman kematian jasmani dari Allah—bahwa tubuh mereka akan kembali menjadi debu—dilaksanakan bukan hanya terhadap Adam dan Hawa, tetapi *terhadap seluruh umat manusia*. Ada sebuah pasal yang luar biasa di dalam Kitab Kejadian yang menampilkan deretan keturunan Adam dan seberapa lama mereka hidup. Yang luar biasa dari daftar itu—selain panjangnya usia orang-orang pada zaman itu—adalah bagaimana setiap nama diakhiri. Berulang kali, catatan kehidupan orang-orang di dalam daftar tersebut berakhir dengan frasa "dan ia mati." Adam hidup selama 930 tahun, dan ia mati. Set hidup 912 tahun, dan ia mati. Enos . . . mati. Kenan . . . mati. Mahalalel, Yared, dan Metusalah . . . semua mati. Sama seperti yang dikatakan Allah, maut berkuasa atas umat manusia.[73]

Apakah Anda melihat signifikansi dari hal tersebut? Ketika Adam berdosa, ia tidak sekadar melakukannya sebagai individu; ia juga tidak mengalami konsekuensi dosa sebagai individu. Ketika ia berdosa, ia melakukannya sebagai wakil dari semua yang lahir setelah dia. Itulah sebabnya Paulus berkata di dalam Perjanjian Baru bahwa "oleh satu pelanggaran semua orang beroleh penghukuman," dan "oleh ketidaktaatan satu orang semua orang telah menjadi orang berdosa."[74] Adam berdiri di atas kita semua, bertindak bagi kita semua, *memberontak* untuk kita semua.

---

72  Kej. 4:17-24.

73  Kej. 5.

74  Rm. 5:18-19.

Kenyataan itu sering kali dianggap orang-orang sebagai sesuatu yang tidak adil. Kata mereka, "Saya mewakili nasib saya sendiri; tidak diwakili oleh orang lain." Namun, sepertinya itu tidak berlaku pada keturunan Adam mana pun. Sebagian itu mungkin karena mereka tahu bahwa seandainya Allah membiarkan setiap dari mereka berdiri di atas kaki mereka sendiri, mereka tidak akan menjadi lebih baik daripada Adam. Namun, itu juga karena mereka tahu bahwa satu-satunya harapan mereka diselamatkan adalah bila Allah mengutus seseorang—wakil yang lain, atau katakanlah, *Adam* yang lain—yang akan berdiri mewakili mereka dan kali ini menyelamatkan mereka. Adam mewakili umat manusia untuk tunduk kepada Iblis dan memberontak terhadap Allah; yang diperlukan sekarang adalah seorang *lain* yang mewakili umat manusia untuk menunjukkan ketaatan kepada Allah dan menang melawan Iblis.

### Semua Mengarah kepada Hal Ini

Dan, itulah yang dijanjikan Allah akan dilakukan-Nya.

Hampir segera, setelah malapetaka yang diakibatkan dosa Adam dan Hawa, Allah berjanji bahwa Ia akan menyelamatkan umat manusia dengan mengutus Wakil yang lain, yaitu *Adam yang lain* untuk menggantikan mereka dan memenangkan keselamatan bagi mereka. Adalah sebuah momen harapan yang luar biasa ketika Allah mengadakan janji itu karena itu terjadi pada momen yang paling gelap, yaitu ketika Allah menjatuhkan penghakiman melawan Ular yang menggoda Adam dan Hawa untuk berdosa. Beginilah cara Kitab Kejadian mencatat apa yang dikatakan Allah:

"Karena engkau berbuat demikian,
terkutuklah engkau di antara segala ternak

**90**

dan di antara segala binatang hutan;
dengan perutmulah engkau akan menjalar
dan debu tanahlah akan kaumakan seumur hidupmu.
Aku akan mengadakan permusuhan antara engkau
dan perempuan ini, antara keturunanmu dan keturunannya;
keturunannya akan meremukkan kepalamu,
dan engkau akan meremukkan tumitnya."[75]

Apakah Anda melihat akhir dari janji itu? Suatu hari nanti, Allah akan mengutus seorang Pria untuk menghancurkan kepala Iblis sekali dan selamanya. Dengan kata lain, Pria itu akan melakukan apa yang seharusnya dilakukan Adam sebagai wakil manusia. Dan, dengan melakukannya, Ia akan menyelamatkan manusia dari malapetaka yang dihasilkan oleh dosa terhadap mereka dan seluruh dunia.

Sejak saat itu, janji akan kedatangan Wakil yang lain—Adam yang lain—menjadi pengharapan umat manusia. Generasi demi generasi menantikan hari ketika Allah akan menggenapi janji-Nya, dan dari waktu ke waktu mereka menyelidiki apakah orang ini atau orang itu adalah Penebus yang dijanjikan. Jadi, ketika Nuh lahir, ayahnya Lamekh berseru dengan penuh harapan: "Anak ini akan memberi kepada kita penghiburan dalam pekerjaan kita yang penuh susah payah di tanah yang telah terkutuk oleh TUHAN."[76] Namun, tentu saja ia bukan yang dimaksud Allah. Seperti Adam, Nuh menjadi wakil umat manusia, tetapi hampir segera setelah ia keluar dari bahtera tersebut, ia terbukti adalah seorang pendosa juga. Adam kedua yang gagal ini juga gagal seperti yang pertama, dan sang Penebus belum tiba.

Di sepanjang zaman, dan di seluruh sejarah Israel, pengharap-

---

75  Kej. 3:14-15.

76  Kej. 5:29.

an manusia akan penggenapan janji-janji Allah bertumpu pada satu wakil. Musa, Yosua, Daud, Salomo, hakim-hakim, raja-raja—setiap generasi berharap itulah Orangnya. Namun, setiap kali pula terbukti bahwa pengharapan mereka sia-sia.

Lalu datanglah Yesus, Adam yang terakhir yang berdiri mewakili umat manusia dan melakukan apa yang gagal dilakukan oleh Adam yang pertama. Itulah sebabnya pertikaian antara Yesus dan Iblis di padang gurun menjadi sangat penting. Tidak hanya Yesus berdiri sebagai Pahlawan Israel—Raja keturunan Daud—tetapi Ia juga berdiri sebagai Pahlawan umat manusia, yaitu Dia yang menang.

Apakah Anda ingat tiga pencobaan yang dilontarkan Iblis terhadap Yesus di padang gurun? Semuanya adalah tiga kegagalan bangsa Israel, tetapi juga merupakan inti dari godaan Iblis terhadap Adam dan Hawa di padang gurun. Tidaklah sulit untuk melihat kesamaannya.

Ubahlah batu itu menjadi roti, Yesus! Engkau lapar; puaskanlah diri-Mu *sekarang.*
*Lihatlah buah itu, Adam! Itu menarik bagi matamu; ambillah* sekarang.

Apakah Allah memelihara janji-janji-Nya, Yesus? Menurutku tidak. Mengapa Engkau tidak membuktikannya?
*Apakah Allah benar-benar berkata "engkau akan mati," Adam? Menurutku tidak. Mari kita mengujinya.*

Tunduklah dan sembahlah aku, Yesus, dan aku akan memberi-Mu segala kerajaan di dunia.
*Patuhi aku, Adam. Sembahlah aku, dan aku akan membuatmu menjadi seperti Allah!*

Pertempuran Yesus melawan Iblis pada hari ini bukan hanya sebuah pertempuran pribadi. Ia memang mengalami pencobaan untuk dapat bersimpati dengan umat-Nya, tetapi Ia juga melakukan sesuatu yang tidak pernah dapat dilakukan umat-Nya—menolak godaan sampai ke akar-akarnya dan mengalahkannya. Dalam prosesnya, sembari Ia berperang mewakili umat-Nya melawan musuh abadi mereka, Ia melakukan apa yang seharusnya mereka lakukan sejak semula. Ia menghormati, menaati, dan menyembah Allah *bagi mereka*, sebagai Raja, Wakil, dan Pahlawan mereka.

Namun, itu belum berakhir. Meski Iblis telah dikalahkan, kutuk "engkau pasti akan mati" masih menggantung di atas kepala umat manusia seperti pedang. Jadi, meski Raja Yesus telah mengalahkan Iblis, dengan menghadapi godaan-godaannya sampai akhir dan menjalani hidup yang sempurna di hadapan Allah, keadilan masih berseru bahwa dosa-dosa umat-Nya tidak dapat diabaikan atau disingkirkan begitu saja. Mereka masih memberontak kepada Allah, dan keadilan menuntut agar hukuman Allah dijatuhkan atas mereka—kematian rohani, keterpisahan dari Allah, bahkan murka Allah—sepenuhnya. Bila kurang dari itu, maka karakter Allah akan dipertanyakan.

Anda lihat? Jika Raja Yesus akan menyelamatkan umat-Nya dari dosa-dosa mereka, tidaklah cukup untuk mengalahkan musuh terbesar mereka. Lagipula, Iblis hanya *menggoda* mereka untuk berdosa; merekalah yang memutuskan apakah akan memberontak terhadap Allah. Itu berarti, hukuman atas dosa layak diterima dan masih menggantung. Karena itu, untuk menyelamatkan umat-Nya, Yesus harus membinasakan kutuk itu. Ia harus membiarkan hukuman mati dari Allah—murka-Nya yang adil terhadap orang-orang berdosa—dijatuhkan kepada-Nya alih-alih mereka. Ia harus berdiri sebagai

Pengganti mereka, bukan hanya di dalam hidup, tetapi juga di dalam kematian.

Semuanya mengarah kepada hal ini: bila umat-Nya mau dibiarkan hidup, sang Pahlawan harus mati.

# 7
# ANAK DOMBA ALLAH,
# KORBAN BAGI MANUSIA

Yohanes Pembaptis tahu mengapa Yesus datang, dan ia tahu apa yang harus dilakukan Yesus untuk menyelamatkan umat-Nya.

Ketika menyaksikan Yesus turun ke sungai Yordan untuk dibaptis, Yohanes menunjuk kepada-Nya dan menyerukan sesuatu yang akan mengejutkan dan membingungkan orang banyak: "Lihatlah Anak domba Allah, yang menghapus dosa dunia."[77] Gagasan tentang seekor anak domba yang dipersembahkan kepada Allah untuk menghapus dosa sangat dikenal oleh orang-orang Yahudi. Namun, sekali lagi, mengapa Yohanes memakai istilah itu untuk merujuk kepada *Seseorang*? Itu bisa dianggap sebuah pertanda buruk. Semua orang tahu apa yang terjadi terhadap seekor anak domba bila diserahkan kepada Allah sebagai korban dosa. Lehernya disembelih, dan itu dibiarkan mati kehabisan darah.

### Seseorang Harus Mati

Ritual persembahan korban orang Yahudi terkadang dianggap berasal dari zaman perbudakan di Mesir. Namun, akar yang sesungguhnya terjadi pada taman di Eden pada waktu hukuman maut diumumkan Allah atas Adam dan Hawa. Jika Anda ingin memahami ritual korban orang Yahudi—dan arti Yesus itu sendiri—Anda harus memahami bahwa ketika Allah berkata bahwa Adam dan Hawa akan mati bila mereka berdosa, Ia tidak memutuskan secara sembarangan.

---

77  Yoh. 1:29.

Itu bukan seolah-olah Ia menggertak, "Pada hari engkau memakan-nya, engkau akan berubah menjadi kodok" atau semacam itu.

Alasan Allah mengumumkan maut sebagai konsekuensi dosa adalah itu sesuai dan tepat. Sebagaimana dikatakan Paulus di kemudian hari di dalam Perjanjian Baru, "Upah [artinya, ganjaran yang sepantasnya] dosa adalah maut."[78] Tidaklah sulit bagi kita untuk melihat alasannya. Pertama, ketika Adam dan Hawa berdosa, mereka tidak melanggar sebuah aturan yang tidak penting. Seperti yang telah kita lihat, mereka mencoba melengserkan Allah dari otoritas-Nya atas mereka. Pada dasarnya, mereka mengumumkan kemerdekaan mereka dari Allah. Tentu saja, masalahnya adalah Allah itu sendiri adalah Sumber dan Pemelihara hidup mereka. Dialah yang telah mengembuskan napas kehidupan kepada mereka dan yang mempertahankan keberadaan mereka, sehingga ketika mereka terpisah dari-Nya, hubungan mereka dengan Sumber kehidupan juga terputus.

Tidak hanya itu, tetapi adalah tepat dan baik bila Allah murka terhadap pemberontak. Alkitab memberi tahu kita bahwa sifat Allah adalah adil, baik, dan benar sempurna. Karena itu, seharusnya tidak mengejutkan bila Ia membenci dosa, yang pada hakikatnya merupakan tindakan merangkul kejahatan dan menolak apa yang adil, baik, dan benar. Tentu saja, murka Allah tidak seperti kita; itu tidak membabi buta. Sebaliknya, murka Allah merupakan penentangan yang permanen terhadap dosa dan tekad untuk menghancurkannya. Itulah sebabnya Allah memberi tahu Adam dan Hawa bahwa mereka akan mati bila mereka berdosa, dan itulah sebabnya setiap manusia sekarang hidup dalam hukuman maut. Karena dosa-dosa kita—tindakan menukar kebaikan Allah dengan kejahatan kita yang egois—kita menerima murka Allah dan memutuskan hubungan dengan Sumber

---

78  Rm. 6:23.

kehidupan.

Itulah asal-usul dari ritual korban bangsa Israel. Allah mengajarkan umat-Nya bahwa pada dasarnya, mereka layak menerima maut sebagai ganjaran atas dosa-dosa mereka. Namun, ada prinsip lain yang juga diajarkan Allah kepada umat-Nya melalui korban, yaitu prinsip yang memberi harapan di tengah-tengah apa yang tampak seperti kondisi yang putus asa: *hukuman maut tidak harus dibayar oleh si pendosa.*

Itu dapat dibayar oleh Orang lain—maut masih harus terjadi karena dosa—tetapi Allah, menurut kasih-Nya, memungkinkan hukuman maut diterapkan pada Pengganti yang akan mewakili orang berdosa. Jika Anda merenungkannya, Anda dapat melihat bahwa pengaturan ini dengan indah menunjukkan keadilan Allah dan belas kasihan-Nya. Hukuman yang dituntut oleh dosa dilaksanakan, keadilan dipuaskan, tetapi pendosa itu sendiri tidak mati.

Mungkin contoh yang paling jelas dari prinsip tersebut adalah perayaan Paskah, yaitu ritual untuk memperingati bagaimana Allah menyelamatkan bangsa Israel dari perbudakan di Mesir. Perayaan Paskah mengingatkan kembali malam penentuan ketika Allah melaksanakan hukuman maut secara dramatis terhadap orang-orang Mesir. Berulang kali selama bulan-bulan sebelumnya, Allah telah memperingatkan Firaun bahwa penolakannya membiarkan bangsa Israel pergi hanya akan menyebabkan kematian baginya dan bagi rakyatnya. Dan, sembilan kali Allah mendemonstrasikan kekuasaan dan kedaulatan-Nya atas Mesir melalui serangkaian tulah. Melalui tulah-tulah tersebut, Allah menghadapi dan menaklukkan dewa-dewi Mesir, membuat mereka bertekuk lutut dan membuktikan kepada bangsa Mesir bahwa Dia sajalah Allah yang sejati.

Kengerian tulah tersebut mencapai puncaknya pada tulah yang

kesepuluh. Beginilah Musa melukiskan apa yang akan dilakukan Allah terhadap bangsa Mesir:

> Berfirmanlah TUHAN kepada Musa: "Aku akan mendatangkan satu tulah lagi atas Firaun dan atas Mesir, sesudah itu ia akan membiarkan kamu pergi dari sini . . . Pada waktu tengah malam Aku akan berjalan dari tengah-tengah Mesir. Maka tiap-tiap anak sulung di tanah Mesir akan mati, dari anak sulung Firaun yang duduk di takhtanya sampai kepada anak sulung budak perempuan yang menghadapi batu kilangan, juga segala anak sulung hewan. Dan seruan yang hebat akan terjadi di seluruh tanah Mesir, seperti yang belum pernah terjadi dan seperti yang tidak akan ada lagi. Tetapi kepada siapa juga dari orang Israel, seekor anjingpun tidak akan berani menggonggong, baik kepada manusia maupun kepada binatang, supaya kamu mengetahui, bahwa TUHAN membuat perbedaan antara orang Mesir dan orang Israel.[79]

Itu hukuman pamungkas yang akan dijatuhkan Allah kepada mereka, tetapi Ia juga berjanji bahwa umat-Nya akan dilepaskan—*jika* mereka mau taat kepada-Nya dan mengikuti perintah-Nya.

Apa yang Allah perintahkan kepada umat-Nya untuk dilakukan cukup menakutkan. Ia menyuruh mereka agar pada malam ketika anak-anak sulung Mesir mati, setiap keluarga Israel mengambil seekor anak domba—bukan yang cacat, dan tanpa cela sama sekali—dan membunuhnya pada waktu senja. Lalu, setiap keluarga mengadakan

---

79  Kel. 11:1, 4-7.

perjamuan dari binatang yang disembelih itu. Namun, lebih penting lagi, Allah menyuruh mereka agar mengambil sebagian dari darah binatang tersebut dan mengolesnya pada ambang atas pintu rumah mereka. Itulah yang terpenting karena Allah berkata bahwa ketika Ia menyapu seluruh negeri Mesir untuk membunuh anak-anak sulung, Ia akan melihat darah di kusen pintu rumah mereka dan "melewati" rumah tersebut, sehingga tulah tidak menyerang mereka. Jika mereka melakukan hal itu—menyembelih anak domba dan berlindung pada darahnya—mereka akan selamat.[80]

Sekarang, coba pikirkan sejenak: apakah bangsa Israel sedikit terkejut demi mendengar rencana Allah menyisir seluruh rumah dan desa *mereka* juga! Itu belum pernah terjadi dalam sembilan tulah sebelumnya. Tulah-tulah itu—katak, nyamuk, belalang, hujan es, bisul, atau kegelapan—memengaruhi tanah Mesir, kecuali kota-kota tempat tinggal orang Israel. Sampai saat itu, Allah berhati-hati dalam membuat pemisahan antara mereka dan orang-orang Mesir, dan mereka tidak perlu melakukan apa pun kecuali menonton saja. Namun sekarang, Allah memberi tahu bahwa Ia akan mengirim tulah maut ke rumah-rumah mereka, dan mereka akan mati seperti orang-orang Mesir jika mereka tidak percaya kepada Allah dan menaati-Nya.

Pada malam ketika Allah menyisir kota-kota Mesir, membunuh anak-anak sulung mereka karena dosa-dosa mereka, itu pastilah menakutkan. Negeri itu seketika dipenuhi teriakan orang-orang Mesir karena anak-anak mereka meninggal secara bersamaan. Kita mungkin bertanya-tanya apakah ada orang Israel yang juga meratap, yaitu mereka yang tidak memercayai firman Allah. Alkitab tidak mengatakan apa pun.

Apakah Anda melihat apa yang diajarkan Allah pada malam

---

80  Kel. 12:1-13.

itu? Satu hal, itu sebuah pengingat yang mengejutkan tentang ke-bersalahan umat Allah. Pada akhirnya, Allah mengingatkan mereka bahwa mereka juga sebenarnya patut menerima hukuman maut se-perti orang-orang Mesir. Mereka sendiri bersalah karena dosa-dosa mereka.

Namun, ada pelajaran yang lain pula. Tercetak pada pikiran dan hati mereka adalah kuasa dan arti korban pengganti. Membunuh anak domba adalah sebuah urusan yang berdarah-darah dan memu-alkan. Seorang bapak akan berlutut di samping seekor anak domba, lalu menghunus pisau dan menggorok leher binatang tersebut. Darah akan memuncrat di atas tanah sampai binatang itu kejang-kejang lalu berhenti dan mati. Ketika itu terjadi, setiap mata akan beralih dari anak domba kepada anak bapak itu, dan seluruh keluarga tahu bah-wa anak domba tersebut mati supaya Yosua kecil mereka tidak mati. Anak domba itu menggantikan posisi Yosua.

Anda lihat? Allah mengajar umat-Nya dengan cara yang me-mualkan dan berdarah-darah bahwa Ia tidak akan, dan *tidak bisa*, menghapus dosa begitu saja. Harus ada Orang lain yang mati, karena itulah hukuman yang dituntut oleh dosa. Maka, setelah sang bapak mengoleskan darah di ambang pintu, ia menggendong Yosua kecil, menutup pintu rumahnya, dan seluruh keluarga mengetahui bahwa mereka bersalah dan layak dihukum mati. Allah tidak akan mengam-puni mereka karena mereka tidak bersalah. Ia tidak menyelamatkan mereka karena mereka tidak layak mati, tidak seperti orang-orang Mesir. Tidak; Ia melewatkan mereka karena ada *yang lain* menggan-tikan posisi mereka. Sembari Allah melewati mereka, dengan pedang penghakiman berlumur darah di tangan-Nya, mereka memercayai darah anak domba.

### Kali Ini Bukan Hanya Binatang

Seiring waktu berjalan, Allah mengadakan ritual korban binatang di mana umat-Nya belajar menyadari bahwa dosa mereka—yang nyata dan jahat itu—dapat dihapuskan melalui sebuah pengganti. Namun, Ia juga mengajar mereka bahwa tidak selalu binatang yang akan menanggung hukuman dosa mereka.

Salah satu contoh yang paling jelas dari hal itu kerap dilewatkan. Namun, itu mengungkapkan salah satu gagasan terpenting di dalam Perjanjian Lama. Setelah keluar dari Mesir, bangsa Israel menghabiskan banyak waktu berkelana di padang gurun dan—percaya atau tidak—mengeluhkan bahwa Allah tidak memberi mereka cukup air dan makanan. Berulang kali, Allah menyediakannya bagi mereka, dan berulang kali pula mereka mengeluh dan bersungut-sungut kepada-Nya. Di dalam Keluaran 17, Alkitab menceritakan sebuah peristiwa yang sepintas tampak seperti cerita-cerita yang lain ketika bangsa Israel mengeluh dan Allah menyediakan. Namun, cerita itu mengandung arti yang lebih. Allah hendak mengajarkan kepada umat-Nya sesuatu yang luar biasa dan sangat tidak terduga.

Pada hari itu, orang-orang Israel tiba di sebuah daerah bernama Rafidim, dan seperti yang telah mereka lakukan berulang kali sebelumnya, mereka mengeluhkan bahwa Allah membawa mereka ke padang gurun untuk membunuh mereka—kali itu dengan dahaga. Namun, di Rafidim, keluh kesah bangsa Israel mencapai tingkat yang baru. Alkitab menjelaskan bahwa mereka menguji Allah! Ya, memang Musa yang hendak mereka lempari dengan batu, tetapi Musa adalah jurubicara Allah. Masalah mereka sebenarnya bukanlah dengan Musa, tetapi dengan Allah. Ia menuntun mereka ke padang gurun untuk mati, dan sekarang mereka menyerang-Nya.

Alkitab menjabarkan beberapa perintah Allah kepada Musa

untuk menghadapi tuduhan umat-Nya. Ia menyuruh Musa untuk mengumpulkan bangsa itu dan berdiri di hadapan mereka dengan semua tua-tua Israel. Itu penting karena tua-tua adalah orang-orang khusus yang melayani sebagai hakim bagi bangsa itu; mereka diangkat untuk memutuskan berbagai perkara. Selain itu, Allah menyuruh Musa agar membawa tongkatnya. Rincian ini juga penting karena tongkat itu bukan sembarang tongkat. Itu adalah tongkat yang dengannya Musa memukul sungai Nil dan mengubahnya menjadi darah, memukul debu tanah dan mengubahnya menjadi pasukan nyamuk, dan membelah Laut Terberau untuk menenggelamkan tentara Mesir. Dengan kata lain, itu adalah tongkat yang dipakai Musa untuk menghukum.

Karena itu, seluruh adegan tersebut membentuk sebuah situasi yang membawa pertanda buruk. Orang-orang berkumpul, para tua-tua bersidang, dan tongkat hukuman dibawa. Seolah-olah Allah mau berkata kepada bangsa pemberontak dan suka menggerutu itu, "Kalian menginginkan sebuah pengadilan? Baiklah, mari kita bersidang!" Akan ada yang dihukum. Hukuman siap dijatuhkan.

Namun, ke atas siapa? Jelas ke atas Israel karena mereka berkeluh kesah, tidak setia kepada Allah, padahal Allah berulang kali menunjukkan bahwa Ia setia kepada mereka. Tongkat hukuman akan dijatuhkan kepada *mereka*.

Namun, sesuatu kemudian terjadi, yang kerap tidak diperhatikan oleh orang-orang Kristen. Perhatikan bagaimana Alkitab melukiskan apa yang terjadi:

> Lalu berseru-serulah Musa kepada TUHAN, katanya: "Apakah yang akan kulakukan kepada bangsa ini? Sebentar lagi mereka akan melempari aku dengan batu!" Berfirmanlah TUHAN kepada Musa: "Berjalanlah di

depan bangsa itu dan bawalah beserta engkau beberapa orang dari antara para tua-tua Israel; bawalah juga di tanganmu tongkatmu yang kaupakai memukul sungai Nil dan pergilah. Maka Aku akan berdiri di sana di depanmu di atas gunung batu di Horeb; haruslah kaupukul gunung batu itu dan dari dalamnya akan keluar air, sehingga bangsa itu dapat minum." Demikianlah diperbuat Musa di depan mata tua-tua Israel.[81]

Apakah Anda melihat di sana, tepat di tengah-tengah paragraf itu? Apakah Anda melihat ke mana tongkat hukuman itu dipukulkan? Ya, kepada batu karang; tetapi siapakah batu karang itu? *Allah.* "Aku akan berdiri di sana di depanmu di atas gunung batu," kata Allah, dan "haruslah kaupukul gunung batu itu." Dengan kata lain, "Dengan tongkat hukuman yang *seharusnya* dijatuhkan kepada umat-Ku karena mereka bersungut-sungut dan tidak setia" kata Allah, "engkau akan memukul-*Ku.*" Itulah yang dilakukan Allah, dan hasilnya? Kehidupan dilepaskan; air mengalir keluar dari batu karang itu! Inilah prinsip penggantian yang ditunjukkan dalam tingkat yang baru. Sekarang itu bukan lagi seekor binatang, tetapi Allah *sendiri* menerima hukuman dan kutuk yang seharusnya dijatuhkan kepada umat-Nya. Dan, karena itu, mereka hidup dan tidak mati.

### Raja yang Agung dan Hamba yang Menderita

Selama berabad-abad, Allah semakin menyingkapkan prinsip penggantian ini kepada umat-Nya, sampai Nabi Yesaya menunjukkan gambarannya secara lengkap. Kita tahu bagaimana Yesaya telah menubuatkan bahwa seorang Raja ilahi akan datang untuk memerintah

---

81  Kel. 17:4-6.

atas dunia dengan keadilan dan kebenaran, dan menyelamatkan umat Allah dari penindas mereka.[82] Itu sendiri sudah cukup mulia, tetapi Yesaya juga menubuatkan bahwa Raja ilahi ini—yang disebut "Allah yang perkasa"—akan menjalankan peran sebagai Hamba Allah yang menderita yang akan menanggung dosa-dosa umat-Nya dan hukuman maut yang layak mereka terima.

Beginilah cara Yesaya melukiskan karya Hamba yang Menderita tersebut:

> Tetapi sesungguhnya, penyakit kitalah yang
> ditanggungnya,
> dan kesengsaraan kita yang dipikulnya,
> padahal kita mengira dia kena tulah,
> dipukul dan ditindas Allah.
> Tetapi dia tertikam oleh karena pemberontakan kita,
> dia diremukkan oleh karena kejahatan kita;
> ganjaran yang mendatangkan keselamatan bagi kita
> ditimpakan kepadanya,
> dan oleh bilur-bilurnya kita menjadi sembuh.
> Kita sekalian sesat seperti domba,
> masing-masing kita mengambil jalannya sendiri,
> tetapi TUHAN telah menimpakan kepadanya
> kejahatan kita sekalian . . .
> Sesudah kesusahan jiwanya
> ia akan melihat terang dan menjadi puas;
> dan hamba-Ku itu, sebagai orang yang benar,
> akan membenarkan banyak orang oleh hikmatnya,

---

82  Yes. 9:6-7.

dan kejahatan mereka dia pikul. [83]

Dapatkah Anda melihat apa yang dikatakan Yesaya di sini? Ia berkata bahwa Raja yang agung itu tidak hanya akan membangun sebuah kerajaan yang benar sempurna. Sebagai Hamba yang Menderita, Ia juga akan menanggung dan menuntaskan hukuman maut bagi umat-Nya. Ia akan menyerap kutuk yang menekan mereka, dan melayakkan mereka untuk hidup bersama-Nya selamanya di dalam Kerajaan yang Ia dirikan.

### Ia Tahu Mengapa Ia Datang

Semua itu adalah apa yang dipikirkan Yohanes Pembaptis ketika ia berseru pada hari itu, "Lihatlah Anak domba Allah, yang menghapus dosa dunia." [84] Ia melihat Yesus sebagai korban ultimat yang akan mati menggantikan umat-Nya, yaitu Hamba yang Menderita yang telah lama dinubuatkan, yang akan diremukkan karena pelanggaran umat-Nya.

Jadi, sebagaimana yang telah kita lihat, Yesus dibaptis bukan karena Ia harus bertobat atas dosa-dosa-Nya, tetapi karena Ia menyamakan diri-Nya dengan umat-Nya dan menyatukan diri-Nya dengan orang-orang berdosa yang akan Ia selamatkan. Ia adalah Anak Allah, sang Wakil, Raja, Pahlawan, dan Hamba TUHAN yang Menderita. Itulah arti terakhir dari suara yang berkata dari surga, "Inilah Anak-Ku yang Kukasihi, kepada-Nyalah Aku berkenan." [85] Klausa "kepada-Nyalah Aku berkenan" menggemakan kata-kata dari Kitab Yesaya yang dulu disampaikan Allah mengenai Hamba yang Menderita.

---

83  Yes. 53:4-6, 11.

84  Yoh. 1:29.

85  Mat. 3:17.

Saya harap Anda sekarang dapat melihat hal luar biasa yang terjadi pada hari itu di sungai Yordan. Setelah baptisan dan perkataan dari surga tersebut, Yesus menjalankan peran—jabatan—yang Allah tentukan untuk Ia jalankan sejak semula. Anda bahkan dapat berkata bahwa dengan perkataan dari surga itu, Yesus dimahkotai tiga kali: mahkota surga sebagai Anak Allah, mahkota kerajaan Israel sebagai Raja yang telah lama mereka nantikan, dan mahkota duri sebagai Hamba yang Menderita yang akan menyelamatkan rakyat-Nya dengan mati untuk menggantikan posisi mereka.

Itu semua tidak mengejutkan Yesus. Ia tahu mengapa Ia datang, dan Ia tahu persis apa yang dituntut dari-Nya untuk menyelamatkan umat-Nya dari dosa-dosa mereka. Ia harus menanggung murka Allah bagi umat-Nya. Itulah maksud-Nya ketika Ia berkata bahwa Ia datang untuk "memberikan nyawa-Nya menjadi tebusan bagi banyak orang."[86] Itulah maksud-Nya ketika Ia mengedarkan cawan anggur kepada murid-murid-Nya pada waktu acara makan mereka yang terakhir sebelum kematian-Nya dan berkata, "Minumlah, kamu semua, dari cawan ini. Sebab inilah darah-Ku, darah perjanjian, yang ditumpahkan bagi banyak orang untuk pengampunan dosa."[87] Perkataan itu bersifat simbolis, tetapi kenyataan di baliknya sangat berkuasa. Yesus akan mati. Anak Allah yang kekal, sang Raja yang lama dinantikan, mengambil pedang yang telah kita jatuhkan dan memenangkan pertempuran; sekarang Ia akan membayar hukuman bagi dosa-dosa mereka. Hamba yang Menderita akan menanggung kesalahan rakyat-Nya, mati menggantikan mereka, dan membenarkan mereka di hadapan Allah.

---

86 Mat. 20:28.
87 Mat. 26:27-28.

### Tidak Ada Cara Lain

Pada malam sebelum Ia mati, Yesus menikmati satu jamuan makan terakhir bersama murid-murid-Nya, dan itu menjadi salah satu penjelasan paling nyata akan apa arti dari semua itu. Setiap tahun, orang-orang Yahudi merayakan Paskah dengan makan bersama. Acara makan tersebut bertujuan untuk mengingatkan mereka akan kelepasan yang diadakan Allah ketika Ia menyelamatkan mereka dari perbudakan di Mesir. Maka, ketika Yesus dan murid-murid-Nya mengadakan acara makan tersebut, mereka merayakan sebuah keselamatan yang mengagumkan. Namun, Yesus memiliki maksud yang lain. Sembari jamuan itu berjalan, Ia menjelaskan bahwa sebuah tindakan penyelamatan yang lebih agung akan terjadi, yang akan menyelamatkan umat Allah, bukan hanya dari perbudakan secara fisik dan maut, tetapi juga dari perbudakan dan kematian *rohani*. Sebuah tindakan kasih yang lebih agung daripada peristiwa Keluaran bangsa Israel akan diadakan. Inilah yang dikatakan Yesus pada waktu Perjamuan Terakhir itu:

> Dan ketika mereka sedang makan, Yesus mengambil roti, mengucap berkat, memecah-mecahkannya lalu memberikannya kepada murid-murid-Nya dan berkata: "Ambillah, makanlah, inilah tubuh-Ku." Sesudah itu Ia mengambil cawan, mengucap syukur lalu memberikannya kepada mereka dan berkata: "Minumlah, kamu semua, dari cawan ini. Sebab inilah darah-Ku, darah perjanjian, yang ditumpahkan bagi banyak orang untuk pengampunan dosa."[88]

---

88 Mat. 26:26-28.

Inilah hasil dari kasih Yesus bagi murid-murid-Nya: darah-Nya akan dicurahkan sehingga mereka dapat diselamatkan. Ia akan mati supaya mereka dapat dibebaskan, dan dosa, ketidaksetiaan, dan pemberontakan mereka diampuni.

Yang terjadi selanjutnya adalah salah satu situasi yang takut Anda resapi di dalam Alkitab. Itu terlalu intim dan menyesakkan dada. Setelah makan malam itu, Yesus membawa murid-murid-Nya ke sebuah taman yang disebut Getsemani. Ia tahu apa yang akan segera terjadi, sehingga Ia pergi untuk berdoa. Doa yang dinaikkan-Nya di taman itu menyesakkan dada, tetapi itu sekali lagi menunjukkan kasih yang menuntun Yesus untuk menderita penyaliban: "Maka Ia maju sedikit, lalu sujud dan berdoa, kata-Nya: 'Ya Bapa-Ku, jikalau sekiranya mungkin, biarlah cawan ini lalu dari pada-Ku, tetapi janganlah seperti yang Kukehendaki, melainkan seperti yang Engkau kehendaki.'"[89]

Anda lihat? Ada cara supaya cawan murka Allah, yang harus diminum Yesus itu, dapat berlalu. Ada cara agar Ia *tidak* perlu meminumnya sama sekali, yaitu membiarkan kita orang-orang berdosa dihukum mati. Itulah yang dimaksud Yesus ketika Ia berkata bahwa Ia memiliki pasukan dua belas legion malaikat yang siap diperintah setiap saat. Artinya, tujuh puluh dua ribu malaikat siap sedia menaati sabda-Nya, untuk membawa Yesus kembali ke surga, untuk dipuji dan disembah oleh miliaran malaikat yang menghormati Dia sebagai Anak Allah yang benar dan sempurna.

Namun, Ia tidak memanggil malaikat-malaikat itu. Ia membiarkan mereka menunggu di gerbang surga, menyaksikan seluruh adegan itu, karena Ia dan Bapa-Nya telah berketetapan untuk menyelamatkan umat-Nya yang jatuh ke dalam dosa. Setelah ketetapan itu diputuskan, hanya ada satu cara untuk mewujudkannya: Yesus harus

---

89  Mat. 26:39.

minum dari cawan murka Allah. Itulah pertanyaan Yesus di taman itu: "Apakah ada cara lain untuk menyelamatkan mereka, Bapa? Bisakah orang-orang ini diselamatkan dengan cara lain selain Aku menanggung hukuman dosa dan keterpisahan dari-Mu?" Dan, jawabannya datang dalam bentuk keheningan yang berarti: "Tidak. Tidak ada cara lain."

Mengapa? Karena Allah tidak dapat menghapuskan dosa begitu saja. Ia tidak mungkin mengabaikannya, atau berpura-pura itu tidak terjadi, atau mengampuni begitu saja. Ia harus menghakiminya, dengan benar dan adil. Lagipula, seperti yang dikatakan oleh pemazmur, "Keadilan dan hukum adalah tumpuan takhta-Mu."[90] Itulah sebabnya Yesus minum dari cawan murka Allah—memang Ia mengasihi kita dan ingin menyelamatkan kita, tetapi Ia juga mengasihi Bapa-Nya dan tidak mau membiarkan kemuliaan-Nya tercemar karena ketidakadilan. Kita akan diselamatkan, dan Allah akan dimuliakan.

Namun, itu hanya dapat terjadi bila Yesus mati.

### Sembari Ia Tergantung Sekarat di Kayu Itu

Praktik penyaliban yang dilakukan oleh tentara Romawi merupakan salah satu metode penyiksaan yang paling mengerikan, memalukan, dan sadis yang pernah dikenal dunia. Begitu mengerikannya, sehingga masyarakat Yunani dan Romawi yang dianggap santun dan berbudaya tidak mau mengucapkan kata *salib* dalam percakapan sehari-hari. Itu sebuah kata yang hina, yang merujuk kepada bentuk kematian yang paling hina dan dibenci.

Penyaliban di dunia Romawi tidak pernah diadakan secara tertutup. Itu sebuah pertunjukan vulgar dan terbuka untuk menakut-nakuti masyarakat supaya tunduk kepada pemerintah. Pemerintah Romawi

---

90  Mzm. 89:14; 97:2.

memastikan agar salib-salib, yang padanya tergantung mayat-mayat penjahat yang telah membusuk, dijejerkan di jalan masuk menuju kota. Mereka bahkan menjadwalkan acara penyaliban terbuka pada hari yang sama dengan perayaan agama atau sipil untuk memastikan banyak orang menyaksikan kengerian itu. Ribuan pembunuh, perampok, pengkhianat, dan khususnya para budak, disalibkan secara brutal di seluruh kekaisaran Romawi dan selalu di hadapan umum. Kengerian hukuman salib tidak dapat diabaikan di dalam kehidupan Romawi, dan memang itu disengaja oleh pemerintahnya.

Karena jumlah dan frekuensi hukuman salib dalam peradaban Romawi begitu banyak, sedikit mengejutkan bila catatan kuno mengenai hukuman itu sangat jarang. Namun, sekali lagi, tidak ada orang yang ingin menulis hal memualkan seperti itu. Salib merupakan kesempatan yang diputuskan, bahkan dianjurkan, pemerintah agar para algojo dapat mewujudkan fantasi penyiksaan mereka yang paling sadis dan brutal kepada orang-orang hukuman. Jadi, tidak mengejutkan bila catatan-catatan yang kita miliki mengenai hal itu biasanya singkat dan para penulis hanya mengilustrasikan kengerian itu daripada menceritakannya secara rinci. Seolah-olah mereka berkata, "Anda tidak akan mau mendengarnya."

Daging yang terkoyak-koyak bergesekan dengan kayu yang kasar, paku besi ditancapkan menembus tulang dan merobek saraf, sendi-sendi tertarik keluar dari selongsongnya karena menanggung beban tubuh, penghinaan publik di depan mata keluarga, teman, dan dunia—itulah kematian di kayu salib. "Pemancangan yang bengis" menurut orang-orang Romawi; "kayu polos," *maxima mala crux*; atau sebagaimana dikatakan oleh orang-orang Yunani, *stauros*. Sungguh, tidak heran bila tidak ada orang yang membicarakannya. Tidak heran bila para orangtua memalingkan mata anak-anak mereka darinya.

**110**

*Stauros* itu hal yang dibenci, dan orang yang mati karenanya juga di-benci. Yang disalibkan adalah para penjahat bengis yang hanya layak digantung di situ sebagai peringatan busuk dan memualkan kepada semua orang yang mau mengikuti jejaknya.

Begitulah cara Yesus mati.

Namun, penyaliban-Nya tidak seperti apa pun yang pernah dilihat orang-orang. Orang yang tergantung padanya bukan pria sem-barangan. Sesuatu yang tidak biasa terjadi.

Satu contohnya adalah *tindakan* Yesus ketika Ia tergantung di kayu salib—apa yang Ia katakan kepada orang-orang di sekitar-Nya. Kebanyakan penjahat yang disalibkan menghabiskan jam-jam ter-akhir mereka entah meminta ampun, mengumpat para tentara dan orang-orang yang menyaksikan, atau sekadar mengeluh kesakitan. Yesus tidak. Sekalipun Ia tergantung di sana, menerima penghinaan dari para pemimpin Yahudi, olok-olok dari orang lain yang disalibkan bersama Dia, dan ketidakpedulian dari para tentara Romawi, Ia ter-gerak oleh belas kasihan kepada orang-orang yang membunuh-Nya. Ketika salah seorang yang disalibkan bersama Dia sepertinya menge-nali siapa Dia, Yesus berkata kepada-Nya, "Aku berkata kepadamu, sesungguhnya hari ini juga engkau akan ada bersama-sama dengan Aku di dalam Firdaus."[91] Sembari para tentara melempar dadu di kaki salib untuk membagi-bagi jubah-Nya, Ia memandang ke surga dan berdoa, "Ya Bapa, ampunilah mereka, sebab mereka tidak tahu apa yang mereka perbuat."[92] Yang mengherankan, sembari Ia tergantung sekarat di kayu itu, Yesus tetap mengasihi, menyelamatkan, dan mem-beri harapan kepada orang-orang di sekitar-Nya.

Dan, kita mengingat ketahanan-Nya menanggung olok-olok

---

91  Luk. 23:43.

92  Luk. 23:34.

yang sepertinya *tiada akhir*. Para tentara Romawi memulainya sejak mereka menyesah Yesus. Mereka memakaikan sehelai kain ungu, menaruh sebatang ranting di tangan-Nya seolah-olah itu tongkat kerajaan, dan membentuk ranting-ranting duri menjadi mahkota untuk ditancapkan di kepala-Nya. Lalu, mereka menunduk di hadapan-Nya sambil tertawa dan berseru, "Salam, hai raja orang Yahudi!" Itu dimaksudkan untuk mempermalukan seluruh bangsa orang Yahudi dan mengolok-olok Yesus. Namun, ketika Ia tergantung di kayu salib, bangsa-Nya sendiri mengolok-olok Dia. "Jika Engkau Anak Allah," kata seseorang, "turunlah dari salib itu." Yang lain berkata, "Orang lain Ia selamatkan, tetapi diri-Nya sendiri tidak dapat Ia selamatkan." Yesus sendiri tidak berkata apa pun. Meski Ia tahu bahwa apa yang mereka katakan secara ironis benar, Ia menahan semua hinaan itu.[93]

Kemudian, datanglah kegelapan. Para penulis Injil memberi tahu kita bahwa dari sekitar tengah hari sampai pukul tiga sore, gelap gulita menyelimuti Yerusalem. Banyak kertas telah ditulis di sepanjang sejarah mencoba menjelaskan kegelapan macam apa itu—mungkin gerhana matahari, atau badai pasir, atau aktivitas gunung berapi. Namun, orang-orang yang melihat peristiwa itu memahaminya sebagai perbuatan dari Allah. Lukas sekadar berkata, "matahari tidak bersinar."[94]

Kegelapan yang menutupi negeri itu pada hari itu sarat dengan perlambangan akan apa yang sedang terjadi di kayu salib ketika Yesus mati. Anda lihat? Berulang kali di dalam Alkitab, *gelap gulita* merupakan gambaran hukuman Allah. Maut dan kubur itu gelap. Di Golgota, gelap gulita hukuman Allah menyelimuti Yesus, Anak Allah, sang Hamba yang Menderita.

---

93  Mat. 27:29, 40, 42.

94  Luk. 23:45.

Ketika kegelapan itu berakhir, Matius memberi tahu kita bahwa Yesus berseru dengan suara nyaring, "Eli, Eli, lama sabakhtani?" yang merupakan bahasa Aram yang berarti, "Allahku, Allahku, mengapa Engkau meninggalkan Aku?"[95] Itu sebuah kutipan dari Mazmur 22, yaitu nyanyian Raja Daud yang secara simbolis menderita demi Israel. Namun, apa maksud Yesus mengatakannya? Dalam gelap gulita hukuman Allah, Ia sedang mewakili umat-Nya menanggung hukuman yang seharusnya mereka alami—Ia ditelantarkan, diusir, dihalau, dibuang, dan ditinggalkan oleh Allah. Sembari Yesus tergantung di kayu salib, semua dosa umat Allah dilimpahkan kepada-Nya, dan Ia mati untuk mereka, menggantikan mereka sebagai Pahlawan dan Raja mereka.

Maka, hukuman maut di zaman lampau yang pertama kali dijatuhkan di taman di Eden telah dijalankan. Kutuk itu diterapkan. Yesus, Anak Allah, diusir oleh Bapa-Nya karena dosa-dosa umat-Nya. Lalu, dengan sebuah seruan, "Sudah selesai," matilah Yesus.[96]

Yang terjadi selanjutnya bukanlah sebuah adegan yang indah. Matius memberi tahu bahwa tabir Bait Suci—layar kain rajutan sepanjang delapan belas meter yang menghalangi orang-orang dari Ruang Maha Kudus di mana Allah diyakini berdiam—terbelah dari atas ke bawah.[97] Melalui fenomena itu Allah mau menunjukkan kepada manusia bahwa pembuangan mereka dari hadapan-Nya telah berakhir selamanya. Setelah ribuan tahun—sejak Adam dan Hawa diusir dari taman di Eden—umat manusia kembali disambut masuk ke hadapan Ruang Maha Kudus, dan datang ke hadapan Allah.

Hamba yang Menderita, Raja atas segala raja, sang Pahla-

---

95  Mat. 27:46.

96  Yoh. 19:30.

97  Mat. 27:51.

**113**

wan umat manusia, telah menyelesaikan pekerjaan-Nya. Dengan hidup-Nya, Ia menuntaskan segala tuntutan kebenaran. Dengan darah-Nya, Ia membayar hukuman yang seharusnya ditanggung umat-Nya karena dosa-dosa mereka. Ia menjungkirbalikkan kemenangan Iblis. Ia memenangkan keselamatan, sekali untuk selamanya.

Dan sekarang, Ia telah mati.

# 8
## TUHAN YANG BANGKIT
## DAN MEMERINTAH

Dua penjahat yang disalibkan bersama Yesus masih hidup, dan hari Jumat akan segera berakhir. Di kota yang lain, tentara Romawi akan membiarkan mereka tergantung di kayu salib sepanjang malam, bahkan mungkin memberi mereka makanan dan air supaya mereka bisa hidup berhari-hari. Namun, mereka memutuskan tidak melakukannya kali ini. Tentara Romawi berusaha menjaga rakyat taklukan mereka agar tidak berontak. Karena itu, mereka biasanya menghormati tradisi agama wilayah jajahan mereka. Begitulah sikap mereka terhadap orang-orang Yahudi, dan orang-orang Romawi sepakat untuk menghormati hari perhentian mingguan mereka, Sabat, yang dimulai sejak senja di hari Jumat sampai senja di hari Sabtu berikutnya. Jadi, ketika para pemimpin Yahudi meminta gubernur Romawi agar melakukan sesuatu untuk memastikan mayat-mayat terhukum tidak tergantung di kayu salib pada hari Sabat, gubernur itu mengiyakan.

Itu berarti ketiga orang yang disalibkan itu harus mati dengan segera. Maka, perintah diberikan kepada para tentara untuk melakukan *crurifragium*. Itu sebuah tindakan belas kasihan yang keji ketika seorang tentara mendekati orang yang disalibkan, mengayunkan tongkat atau gadanya ke kaki orang itu, dan meremukkan tulang keringnya. Orang itu pasti menjerit, tetapi penderitaannya akan segera berakhir. Karena orang itu tidak bisa mendorong tubuhnya ke atas untuk bernapas, ia akan mati dalam hitungan menit. Hal yang sama dilakukan terhadap terhukum yang lain. Namun, ketika mereka sampai di depan Yesus, para tentara menyadari bahwa Ia telah mati. Itu sedikit mengejutkan karena biasanya orang yang disalib tidak mati secepat itu. Jadi, untuk memastikan kematian-Nya, seorang dari mereka mengambil tombak dan menikam bagian lambung Yesus. Ketika tentara itu menariknya keluar, campuran darah dan air muncrat dari lubang luka—sebuah tanda kematian yang tidak diragukan.

Beberapa pengikut Yesus, termasuk ibu-Nya, ada di Golgota menyaksikan semua prosesi itu. Mereka menyaksikan para tentara memaku tangan-Nya di kayu salib, lalu menancapkan paku lain menembus kaki-Nya. Mereka menyaksikan ketika kayu salib itu diberdirikan; mereka menyaksikan matahari menjadi gelap pada siang hari; mereka mendengar Yesus menyerukan kesakitan-Nya ditinggalkan oleh Allah; mereka mendengar Ia berseru bahwa tugas-Nya telah selesai; mereka menyaksikan ketika tubuh-Nya lunglai ke depan dan mati. Dan, sekarang mereka harus memakamkan jenazah-Nya. Para tentara Romawi tidak mau melakukannya.

Seorang pengikut Yesus, yaitu seorang yang kaya bernama Yusuf dari Arimatea, menyimpan imannya kepada Yesus sampai saat itu. Namun, entah mengapa, ia memutuskan keluar dan menunjukkan simpatinya secara terbuka. Ia pergi menghadap gubernur dan meminta agar ia dapat mengurus jenazah Yesus. Kebetulan ia memiliki sebuah makam di sebuah taman dekat situ yang telah dipahat, dan ia ingin memakamkan Yesus di situ. Pilatus memberi izin. Maka, Yusuf dan beberapa murid Yesus memulai pekerjaan yang tidak menyenangkan mempersiapkan jenazah-Nya untuk dikuburkan. Salib itu direbahkan, paku-paku yang menancap dicabut keluar, dan mahkota duri di kepala-Nya mereka buang. Lalu, mereka mulai membalur tubuh-Nya dengan campuran rempah-rempah dan minyak. Seorang penulis berkata bahwa berat seluruhnya mencapai tujuh puluh kati.[98]

Namun, matahari akan segera tenggelam, dan mereka tidak dapat menyelesaikan seluruh pekerjaan itu tepat waktu. Mereka harus kembali lagi pada hari Minggu pagi, setelah hari Sabat berakhir. Sekarang, mereka hanya bisa membungkus mayat Yesus dengan kain kafan dan memasukkannya ke dalam makam. Lalu mereka menggulingkan batu besar untuk menutup pintu masuk makam, memeteraikannya, lalu pulang ke rumah.

Saya sering bertanya-tanya bagaimana rasanya hari Sabtu itu bagi para murid yang telah menyerahkan hidupnya untuk mengikut Yesus selama tiga tahun terakhir. Mungkin rekaman peristiwa dari hari-hari sebelumnya berputar-putar dalam pikiran mereka. Semua janji, mukjizat, nubuatan, klaim-klaim Yesus telah berakhir. Saya yakin mereka memiliki banyak pertanyaan—tetapi yang mereka tahu pasti adalah bahwa Yesus sudah mati sekarang, sama seperti semua orang. Para tentara Romawi telah mengeksekusi-Nya dengan kejam, menjadikan-Nya tontonan umum, dan para pemimpin Yahudi telah menyingkirkan masalah mereka. Harapan para murid kepada Yesus, bahwa Ia adalah Mesias, Anak Allah yang hidup, gugur bersama-Nya.

Jadi, saya bertanya-tanya, bagaimana rasanya hari Sabtu itu. Alkitab mengatakan bahwa para murid berpencar-pencar melarikan diri setelah Yesus ditangkap, dan tampaknya sebagian besar dari mereka bersembunyi. Sejauh yang kita tahu, hanya sedikit dari mereka yang hadir menyaksikan penyaliban itu. Lagipula, wajar bila mereka ketakutan karena pemerintah akan segera mengejar para pengikut "mesias palsu" itu dan membunuh mereka juga. Jadi, mereka bersembunyi di rumah-rumah mereka, atau di rumah teman-teman mereka, berharap bisa lolos dari amarah pemerintah Romawi. Dan, mungkin mereka

---

98  Yoh. 19:38-42.

meratap. Apalagi yang akan Anda lakukan bila semua harapan Anda telah pupus; menguap sia-sia?

Yesus, sang "Anak Allah," "Mesias," "Raja Israel," "Pewaris Takhta Daud," "Adam yang Terakhir," "Hamba yang Menderita." Semua sekarang tampak seperti khayalan.

Beginilah kenyataannya:

> Yesus seorang tukang kayu.
> Asal-Nya dari Nazaret.
> Dulu Ia sahabat kami.
> Sekarang Ia telah mati.

Itulah yang mungkin juga dirasakan oleh Maria, dan para wanita lain, pada hari Minggu itu ketika mereka mendatangi makam Yesus. Mereka tidak datang untuk melihat apakah Yesus memegang janji-Nya untuk bangkit dari kematian. Pada titik itu, mereka bahkan tidak mengingat Ia pernah mengatakan hal-hal demikian. Tidak; mereka hanya akan menyelesaikan pekerjaan membalur mayat-Nya karena mereka tidak sempat melakukannya sebelum matahari terbenam pada hari Jumat yang lalu. Jadi, sekarang untuk pertama kalinya, mereka berjalan ke sebuah makam berisi mayat yang telah mati dua hari.

Itulah yang mereka harapkan—sebuah pagi yang memualkan, menyedihkan, dan tidak menyenangkan. Namun, bukan itu yang mereka dapatkan.

Kenyataannya, apa yang mereka saksikan ketika mereka tiba di makam itu mengejutkan mereka, dan itu mengubah sejarah dunia. Beginilah yang dikatakan oleh Markus:

Setelah lewat hari Sabat, Maria Magdalena dan Maria

ibu Yakobus, serta Salome membeli rempah-rempah un-
tuk pergi ke kubur dan meminyaki Yesus. Dan pagi-pagi
benar pada hari pertama minggu itu, setelah matahari
terbit, pergilah mereka ke kubur. Mereka berkata seo-
rang kepada yang lain: "Siapa yang akan menggulingkan
batu itu bagi kita dari pintu kubur?" Tetapi ketika me-
reka melihat dari dekat, tampaklah, batu yang memang
sangat besar itu sudah terguling. Lalu mereka masuk ke
dalam kubur dan mereka melihat seorang muda yang
memakai jubah putih duduk di sebelah kanan. Mereka
pun sangat terkejut, tetapi orang muda itu berkata kepa-
da mereka: "Jangan takut! Kamu mencari Yesus orang
Nazaret, yang disalibkan itu. Ia telah bangkit. Ia tidak
ada di sini. Lihat! Inilah tempat mereka membaringkan
Dia. Tetapi sekarang pergilah, katakanlah kepada mu-
rid-murid-Nya dan kepada Petrus: Ia mendahului kamu
ke Galilea; di sana kamu akan melihat Dia, seperti yang
sudah dikatakan-Nya kepada kamu."[99]

Dibutuhkan beberapa waktu untuk menyadari apa yang terja-
di. Lagipula, mereka tidak benar-benar melihat Yesus; mereka hanya
diberi tahu oleh "seorang muda" berpakaian putih—seorang malai-
kat—bahwa Yesus telah bangkit. Para wanita segera berlari untuk
memberi tahu para murid, dan ketika mereka juga tiba di makam, me-
reka melihat kain kafan Yesus telah terlipat rapi dan ditaruh di pinggir.
Lalu mereka pulang ke rumah, terheran-heran, sambil berharap.

Seorang wanita pengikut Yesus, bernama Maria Magdalena,
adalah orang pertama yang menyaksikan Yesus yang telah bangkit.

---

99 Mrk. 16:1-7.

Setelah murid-murid yang lain meninggalkan makam itu, Maria tetap tinggal dan menangis. Ketika ia kembali melirik ke dalam makam yang kosong itu, ia mulai melihat dua malaikat, duduk di pinggir tempat di mana mayat Yesus sebelumnya diletakkan. "Ibu, mengapa engkau menangis?" tanya mereka. Maria menjawab, "Tuhanku telah diambil orang dan aku tidak tahu di mana Ia diletakkan."[100] Coba berhenti sejenak dan pahami ini: bahkan setelah semua yang terjadi—batu besar bulat itu digulingkan, makam itu kosong, para malaikat memberi tahu bahwa Yesus sudah bangkit dari kematian—para pengikut terdekat Yesus tidak segera percaya bahwa Ia hidup kembali. Mereka sangat berhati-hati terhadap dusta. Bahkan, Maria Magdalena menatap wajah malaikat itu dan mengatakan bahwa *menurutnya* seseorang telah mencuri mayat Yesus.

Penulis Yohanes mengatakan bahwa pada momen itu Yesus menampakkan diri di belakangnya. Namun, ia tidak tahu bahwa itu Dia, dan mengira bahwa itu seorang tukang kebun. "Ibu," kata-Nya, "mengapa engkau menangis?" Maka, Maria berkata kepada-Nya, "Tuan, jikalau tuan yang mengambil Dia, katakanlah kepadaku, di mana tuan meletakkan Dia, supaya aku dapat mengambil-Nya."[101] Mungkin "tukang kebun" itu dianggapnya telah memindahkan mayat Yesus karena alasan tertentu. Yesus tidak menjawab pertanyaan itu.

Tibalah saatnya Maria tahu.

Maka, "Kata Yesus kepadanya: 'Maria!'". Hanya dengan menyebut namanya dengan belas kasihan dan kuasa, Ia menyadarkan Maria. "Maria berpaling dan berkata kepada-Nya dalam bahasa Ibrani: 'Rabuni!'"[102] Itu Dia! Inilah Yesus yang telah disalibkan; Ia hidup kembali!

---

100  Yoh. 20:13.

101  Yoh. 20:15.

102  Yoh. 20:16.

Selama empat puluh hari Yesus berulang kali menampakkan diri kepada murid-murid-Nya; kadang dalam kelompok kecil, kadang dalam kelompok besar. Ia berbincang-bincang dengan mereka, dan ada kalanya Ia berbicara secara pribadi dengan murid tertentu. Ia mengajar mereka, dan menjelaskan signifikansi dari semua yang telah terjadi. Ia juga menolong mereka untuk percaya bahwa Ia benar-benar hadir di sana! Ketika mereka bertanya-tanya apakah itu cuma hantu-Nya, Ia makan sepotong ikan. Ketika Petrus terserang rasa bersalah karena pernah menyangkal-Nya, Ia mengampuninya. Salah seorang murid Yesus, yaitu Tomas, bahkan dengan tegas berkata bahwa Ia tidak akan percaya bahwa Yesus bangkit kembali kecuali ia menaruh jarinya di bekas lubang-lubang paku Yesus dan meletakkan tangannya ke bekas tombak yang menikam Yesus. Sekitar satu minggu setelah itu, ketika mereka berkumpul bersama dan pintu dikunci dari dalam, Yesus tiba-tiba hadir. Ia tidak mengetuk pintu lalu masuk. Tidak; penulis Injil cuma berkata Ia *datang*. Ia hadir di tengah-tengah mereka! Segera Yesus berpaling kepada Tomas dan mengulurkan tangan-Nya: "Taruhlah jarimu di sini dan lihatlah tangan-Ku, ulurkanlah tanganmu dan cucukkan ke dalam lambung-Ku dan jangan engkau tidak percaya lagi, melainkan percayalah." Tomas terdiam terpaku. Ia segera tahu bahwa itu benar-benar Yesus, dan berkata kepada-Nya, "Ya Tuhanku dan Allahku!"[103]

Anda harus menyadari bahwa Pria yang sekarang berdiri di hadapan mereka bukan seseorang yang baru saja bangkit dari koma, seolah-olah Ia tampak cukup mati di kayu salib, dan dengan susah payah berhasil keluar dari makam. Ia bukan seseorang yang dipanggil kembali dari kematian, seperti anak laki-laki seorang janda di kota Nain atau Lazarus. Tidak; itu lebih seperti Ia telah *melintasi* kema-

---

103  Yoh. 20:27-28.

tian dan keluar dari sisi yang lain. Bekas-bekas luka-Nya masih ada di situ, tetapi itu tidak perlu diobati. Sekarang, bekas-bekas itu menjadi bukti bahwa kematian pernah menguasai Dia, tetapi Ia berhasil menaklukkannya. Bagi para murid, itu berarti segala sesuatu telah berubah. Keputusasaan berubah menjadi kemenangan, kematian menjadi kehidupan, kutuk menjadi keselamatan, dan kekalahan menjadi kejayaan.

Yesus hidup kembali.

### Kebangkitan Yesus: Engsel, Fondasi, dan Batu Penjuru

Peristiwa Kebangkitan Yesus telah menjadi perdebatan besar selama berabad-abad, dan pertanyaannya adalah apakah itu benar-benar terjadi? Perdebatan itu dapat dimaklumi karena taruhannya besar. Jika Yesus benar-benar hidup kembali setelah mati disalibkan, maka peristiwa yang luar biasa telah terjadi, dan kita sebaiknya mendengar-Nya karena segala sesuatu yang pernah Ia klaim—Anak Allah, Raja segala raja, Tuan atas kehidupan, Hamba yang Menderita, Pribadi Tritunggal yang kedua—telah dibuktikan. Di sisi lain, seandainya Ia tidak benar-benar bangkit dari kematian, lupakan saja semuanya. Semuanya telah berakhir, bukan lagi perkara besar dalam sejarah manusia, dan kita semua bisa melanjutkan hidup seperti biasa karena Yesus hanyalah seorang Yahudi abad pertama yang memberikan klaim-klaim berlebihan tentang diri-Nya lalu mati. Tamat.

Apakah Anda sekarang mengerti mengapa hal itu sangat penting bagi orang-orang Kristen? Peristiwa Kebangkitan merupakan engsel yang menggerakkan seluruh kekristenan. Itu adalah fondasi yang di atasnya segala sesuatu bertumpu; sebuah batu penjuru yang menyatukan segala sesuatu tentang kekristenan. Itu berarti ketika orang-orang Kristen menegaskan bahwa Yesus bangkit dari kematian, mereka sedang mengatakan sebuah klaim *sejarah*, bukan klaim *agama*. Tentu saja ada implikasi-implikasi "agamawi" dari klaim tersebut—jika Anda menyebutnya demikian—tetapi tidak satu pun dari klaim-klaim itu akan sah seandainya Yesus tidak benar-benar, menurut sejarah, hidup kembali. Bahkan orang-orang Kristen mula-mula menyadari hal itu. Mereka tidak tertarik hanya menciptakan cerita agama yang indah yang akan menguatkan orang-orang, menolong mereka untuk hidup lebih baik, dan memberi mereka perumpamaan harapan yang muncul dari keputusasaan untuk menolong mereka menghadapi badai kehidupan. Tidak; orang-orang Kristen mula-mula ingin agar dunia tahu bahwa Yesus telah *bangkit keluar dari makam*, dan mereka sendiri tahu bahwa seandainya itu tidak benar-benar terjadi, maka segala sesuatu yang mereka yakini adalah sia-sia. Sebagaimana dikatakan oleh Paulus di dalam salah satu suratnya: "Tetapi andaikata Kristus tidak dibangkitkan, maka sia-sialah pemberitaan kami dan sia-sialah juga kepercayaan kamu . . . jika Kristus tidak dibangkitkan, maka sia-sialah kepercayaan kamu dan kamu masih hidup dalam dosamu . . . Jikalau kita hanya dalam hidup ini saja menaruh pengharapan pada Kristus, maka kita adalah orang-orang yang paling malang dari segala manusia."[104]

Dengan kata lain, seandainya Yesus tiidak bangkit dari kematian, orang-orang Kristen adalah orang-orang yang paling menyedihkan.

Namun, ada sisi lain dari kenyataan itu: jika Yesus *benar-benar* bangkit dari kematian, maka setiap manusia diperhadapkan dengan tuntutan untuk memercayai apa yang Ia katakan, mengakui Dia sebagai Raja, dan tunduk kepada-Nya yang adalah Tuhan dan Juruselamat. Dan, tentu saja, kawan, itu termasuk Anda.

Itulah sebabnya penting bagi Anda—ya, Anda yang sedang

---

104  1Kor. 15:14-19.

membaca buku ini—untuk tiba pada keputusan final terkait penda-pat Anda mengenai kebangkitan Yesus. Tidaklah cukup bila Anda sekadar menilai. Anda harus memikirkan dan memutuskan apakah "Ya, menurut saya, itu benar-benar terjadi. Yesus sungguh bangkit dari antara orang mati, dan Ia adalah seperti yang Ia klaim," atau "Ti-dak; itu tidak terjadi, dan saya menolak klaim-klaim-Nya." Terkadang Anda mendengar orang-orang berkata bahwa adalah sah bagi mereka untuk tidak memiliki pendapat apa pun tentang Kebangkitan Yesus karena mereka tidak boleh memutuskan apakah klaim agama terten-tu benar atau tidak. Namun, seperti yang kita katakan sebelumnya: orang-orang Kristen tidak memberi sebuah klaim *agama* ketika me-reka berkata bahwa Yesus bangkit dari kematian, melainkan klaim *sejarah*. Mereka berkata bahwa itu sama pastinya dengan mengatakan bahwa Julius Caesar adalah kaisar Romawi. Itu sebuah klaim yang da-pat diselidiki, dinilai, dan disimpulkan.

*Apakah menurut Anda itu terjadi, atau tidak?*

Inilah kebenaran mendasar mengenai orang-orang Kristen: kita meyakini itu terjadi.

Kita tidak mengira bahwa para murid mengalami halusinasi massal. Itu bahkan tidak masuk akal; mengingat betapa seringnya orang-orang melihat Yesus dan betapa beragamnya kelompok manu-sia yang berbeda melihat-Nya hidup kembali.

Kita juga tidak menganggapnya sebuah kesalahan besar. Para pemimpin Yahudi tidak ingin agar desas-desus tentang Mesias yang hidup kembali menjadi buah-bibir, sehingga hal pertama yang seha-rusnya mereka lakukan adalah menunjukkan mayat Yesus. Namun, mereka tidak pernah dapat melakukannya. Di sisi lain, seandainya Yesus berhasil bertahan hidup dari penyaliban, bagaimana caranya Orang yang telah dihajar, dicambuk, disalibkan, dan ditikam tombak

**124**

itu dapat menyakinkan para pengikut-Nya yang skeptis dan keras ke-pala bahwa Ia adalah Tuhan atas kehidupan dan Penakluk kematian? Tidak mungkin.

Karena itu, kita orang-orang Kristen juga tidak mengira bahwa para murid menyebarkan berita bohong. Seandainya demikian, apa yang mereka harapkan darinya? Dan, mengapa mereka tidak meng-aku saja ketika mereka terancam hukuman berat; misalnya, kepala mereka akan dipenggal atau tangan mereka akan dipaku?

Tidak; itu bukan sebuah halusinasi, atau kesalahan, atau siasat jahat. Ada hal lain yang terjadi, dan itu berkuasa untuk mengubah para pria pengecut dan skeptis itu menjadi *martir* bagi Yesus—saksi mata yang bersedia mempertaruhkan nyawa bagi Dia, dan menderita segalanya—bahkan kematian yang sadis—demi memberi tahu du-nia: "Inilah manusia Yesus yang telah disalibkan, tetapi sekarang Ia *hidup!*"

### Otoritas untuk Memerintah, Menghakimi, dan Menyelamatkan

Setelah hari Minggu itu, Yesus menghabiskan waktu empat pu-luh hari mengajar murid-murid-Nya dan mengutus mereka untuk memberitakan Kerajaan-Nya ke seluruh dunia. Lalu, Ia naik ke surga. Itu mungkin terdengar seperti cerita mitos agama yang tidak berarti apa-apa, tetapi para penulis Alkitab tidak melihat seperti itu. Mere-ka melukiskan kenaikan Yesus ke surga dengan bahasa yang paling harfiah:

Sesudah Ia mengatakan demikian, terangkatlah Ia di-saksikan oleh mereka, dan awan menutup-Nya dari pandangan mereka. Ketika mereka sedang menatap ke langit waktu Ia naik itu, tiba-tiba berdirilah dua orang yang berpakaian putih dekat mereka, dan berkata kepada mereka: "Hai orang-orang Galilea, mengapakah kamu berdiri melihat ke langit? Yesus ini, yang terangkat ke sorga meninggalkan kamu, akan datang kembali dengan cara yang sama seperti kamu melihat Dia naik ke sorga."[105]

Itu sebuah adegan di mana para murid mendongak, memandang ke awan-awan, bertanya-tanya apakah Yesus benar-benar pergi. Itu bukan sebuah kenaikan secara rohani; itu terjadi secara jasmani.

Namun, yang lebih penting daripada *kenyataan* bahwa Yesus naik ke surga adalah *signifikansinya*. Itu bukan hanya cara Yesus menghilang dari atas pentas dengan keren. Itu adalah tindakan Allah menobatkan Dia dan memberi kepada-Nya otoritas yang sempurna untuk memerintah dan menghakimi—dan untuk menyelamatkan! Jika Anda menyadari bahwa Anda adalah orang berdosa yang layak menerima murka Allah atas pemberontakan Anda terhadap Dia, maka kenyataan bahwa Yesus sekarang duduk di takhta alam semesta adalah sebuah kabar yang sangat baik. Itu berarti sang Raja agung yang seharusnya mengadili dan menghukum Anda adalah juga yang mengasihi Anda dan mengundang Anda untuk menerima belas kasihan dan keselamatan dari-Nya.

Itulah yang dimaksud Alkitab ketika berkata, "Barangsiapa yang berseru kepada nama Tuhan, akan diselamatkan."[106] Itu berarti bahwa Yesus, sang Raja yang hidup kembali dan memerintah, yaitu Dia yang kepada-Nya Allah mengaruniakan segala otoritas di bumi dan di sur-

---

105  Kis.1:9-11.
106  Rm. 10:13.

ga, memiliki hak dan otoritas untuk menyelamatkan orang-orang dari dosa-dosa mereka.

### Apa yang Anda Tahu Sekarang?

Sekarang, izinkan saya mengajukan sebuah pertanyaan kepada Anda. Jika semua itu benar, apa akibatnya bagi Anda? Jika Yesus benar-benar bangkit dari kematian, jika Ia benar-benar seperti yang Ia katakan, apa akan Anda lakukan sekarang?

Saya beri tahu Anda apa yang dikatakan Yesus harus Anda lakukan. Itu tidak sulit ataupun rumit, dan kita tahu apa itu karena Yesus telah memberi tahu kita dengan jelas. Berulang kali ketika Ia mengajar orang-orang, mengasihi mereka, menegur orang-orang berdosa, dan memberi tahu mereka siapa Dia dan bahwa Ia dapat menyelamatkan mereka, Ia memberi tahu bahwa Ia ingin mereka percaya kepada-Nya—dengan kata lain, *beriman* kepada-Nya. Katanya, "Bertobatlah dan percayalah kepada Injil!" "Karena begitu besar kasih Allah akan dunia ini," kata seorang penulis Alkitab, "sehingga Ia telah mengaruniakan Anak-Nya yang tunggal, supaya setiap orang yang percaya kepada-Nya tidak binasa, melainkan beroleh hidup yang kekal."[107]

Sayangnya, bagi kebanyakan orang pada hari ini, kata *percaya* dan *beriman* telah kehilangan arti. Bagi kita, itu adalah kata-kata murahan, yang berkaitan dengan Sinterklas, Kelinci Paskah, peri, atau naga. Namun, berabad-abad yang lalu, *iman* dan *percaya* adalah kata-kata yang serius. Kata-kata itu mengungkapkan kekuatan, keandalan, kesetiaan, dan kepercayaan kepada seseorang yang terbukti layak dipercaya. Itulah yang dimaksud Yesus ketika Ia meminta orang-orang untuk "percaya" kepada-Nya. Ia tidak bermaksud mengatakan

---

107  Mrk. 1:15; Yoh. 3:16.

bahwa Anda sekadar menyimpulkan bahwa Ia ada, tetapi Anda harus *bersandar* pada-Nya. Anda harus menyimak klaim-klaim-Nya, kata-kata-Nya, tindakan-tindakan-Nya, dan memutuskan apakah menurut Anda, Ia layak Anda percaya, dan Anda mempertaruhkan hidup Anda kepada-Nya.

Namun, apa artinya itu? Untuk apa kita percaya kepada Yesus? Seperti yang telah kita lihat, seluruh kisah Alkitab mengajarkan bahwa kita adalah pemberontak terhadap Allah. Kita berdosa kepada-Nya, melanggar hukum-Nya, membangkang terhadap otoritas-Nya dalam ribuan cara. Dan, karena dosa-dosa tersebut, kita layak menderita hukuman maut. Kita seharusnya mati secara jasmani, benar, tetapi lebih buruk lagi, kita patut menerima murka kekal Allah atas kita. Maut adalah upah dosa kita.

Karena itu, yang kita perlu, lebih dari apa pun, adalah dinyatakan benar di hadapan Allah. Kita memerlukan Dia untuk menjatuhkan vonis yang melepaskan kita, bukan menghukum kita. Untuk itulah kita perlu beriman kepada Yesus. Inilah kabar baiknya, yaitu Injil, Yesus Kristus: alasan Yesus datang adalah supaya Ia bisa berdiri dalam kumpulan orang-orang berdosa, melakukan apa yang seharusnya kita lakukan pada mulanya, dan menuntaskan kutuk maut atas kita. Karena itu, beriman kepada Yesus adalah sebuah tindakan yang teramat penting. Ketika kita percaya kepada Yesus, bersandar kepada-Nya, Alkitab berkata bahwa kita dipersatukan dengan Dia sebagai Raja, Wakil, dan Pengganti kita. Maka, tiba-tiba seluruh catatan kesalahan kita, pelanggaran, dan pemberontakan kita dilimpahkan kepada Yesus, dan Ia mati untuk menggantikan kita. Pada waktu yang sama, ketaatan Yesus yang sempurna dan persekutuan-Nya dengan Allah dilimpahkan kepada kita, dan atas dasar itu, Allah menyatakan kita benar.

Anda lihat? Ketika Anda dipersatukan dengan Yesus dengan bersandar kepada-Nya untuk keselamatan kekal, sebuah perubahan besar terjadi: Yesus mendapatkan dosa-dosa Anda dan telah mati untuknya. Dan, Anda mendapatkan kebenaran Yesus dan hidup karenanya. Namun, ada yang lain lagi: dipersatukan dengan Yesus melalui iman berarti segala sesuatu yang menjadi *hak* Yesus karena Ia telah menaati Bapa dengan sempurna, juga menjadi milik Anda. Tidak satu pun dari berkat keselamatan itu berhak kita miliki secara alami; kita tidak patut mendapatkannya. Namun, semua itu adalah hak Yesus, dan kita menerimanya karena kita dipersatukan dengan-Nya melalui iman. Yesus dinyatakan benar, dan karenanya, Anda juga dinyatakan benar. Ia dimuliakan, dan karenanya, Anda dimuliakan. Ia dibangkitkan dari kematian, dan begitu juga Anda—karena Anda dipersatukan dengan-Nya—dibangkitkan untuk mengalami kehidupan rohani dengan janji kebangkitan jasmani nanti. Itulah sebabnya Alkitab menyebut Yesus sebagai "buah sulung" Kebangkitan.[108] Ia hidup karena itu hak-Nya; kita hidup karena dipersatukan dengan-Nya.

Tentu saja, bukan berarti Yesus berdiri sebagai Wakil dan Pengganti bagi semua manusia di dunia. Tidak; Ia menjadi Pengganti bagi semua yang mengaku bahwa Ia seperti yang Ia katakan, dan menyadari bahwa Ia sanggup melakukan apa yang Ia klaim dapat Ia lakukan, dan karenanya, mereka menaruh iman percaya mereka kepada-Nya. Perhatikan, kita sebagai umat manusia terlibat dalam pemberontakan terhadap Allah yang menciptakan kita. Karena itu, Allah tidak wajib melakukan apa pun untuk menyelamatkan kita. Kenyataannya, Ia bisa saja membinasakan kita dan mengirim kita semua ke neraka, dan malaikat surga akan memuji Dia atas keadilan-Nya untuk selama-lamanya. "Itulah yang terjadi bagi semua orang yang membe-

---

108   1Kor. 15:20.

rontak kepada Allah yang Mahatinggi!" kata mereka. Namun, Allah, karena kasih-Nya kepada kita, mengutus Anak-Nya, Yesus, untuk menawarkan pengampunan kepada semua pemberontak yang mau datang bersujud kepada-Nya, mengakui Dia, dan menerima Dia sebagai Rajanya. Bila kita melakukannya, Ia pun setuju untuk berdiri sebagai Pengganti kita, mengaruniakan hidup-Nya yang benar kepada kita dan menuntaskan hukuman mati yang seharusnya kita tanggung.

Bukan berarti iman kepada Yesus otomatis menghapuskan kejatuhan berulang di dalam hidup Anda. Tidak; ketika Anda menaruh iman percaya kepada Yesus, Anda mengakui Dia sebagai Pengganti dan Wakil Anda. Dengan kata lain, Anda mengakui Dia sebagai Raja Anda, dan Ia akan mulai menyatakan otoritas-Nya di dalam hidup Anda, memanggil Anda untuk berbalik dari dosa dan pemberontakan Anda kepada Allah. Tindakan berbalik dari dosa itu disebut Alkitab sebagai *pertobatan*. Itu berarti Anda menyatakan perang terhadap dosa, dan berjuang untuk bertumbuh dalam kebenaran sehingga Anda menjadi semakin serupa dengan Yesus. Namun, Anda tidak melakukannya sendirian. Ketika Anda dipersatukan dengan Yesus oleh iman, Alkitab berkata bahwa Roh Kudus—Pribadi ketiga dari Tritunggal—tinggal di dalam Anda. Dia memberi Anda kuasa dan hasrat untuk melawan dosa dan berjuang dalam kebenaran.

Itulah artinya beriman kepada Yesus. Artinya, Anda bersandar kepada-Nya untuk menyelamatkan Anda ketika tidak ada cara lain untuk menyelamatkan diri Anda. Itu berarti Anda menyadari bahwa Anda sendiri tidak mempunyai harapan di hadapan Allah—dan seharusnya menanggung hukuman mati—apalagi dibenarkan bila Allah melihat catatan hidup Anda. Namun, Anda percaya bahwa Yesus *telah* menuntaskan hukuman mati pendosa seperti Anda, dan Ia *telah* memperoleh status dibenarkan yang Anda perlukan, dan satu-satunya

**130**

harapan Anda adalah bergantung kepada-Nya untuk menggantikan Anda.

Itulah yang diminta Raja Yesus—yang telah bangkit dari kematian dan sekarang memerintah dari surga—agar dilakukan oleh setiap manusia. Itu sebuah undangan terbuka, tanpa syarat, tanpa embel-embel. Tangan Raja Yesus tidak akan selalu diulurkan, tetapi sekarang, ya. Satu-satunya pertanyaan adalah apakah Anda akan menerimanya, berlutut di hadapan Dia, percaya bahwa Dia telah berdiri menggantikan Anda menanggung hukuman Allah—atau apakah Anda akan menanggung hukuman itu sendiri.

Pilihannya ada pada Anda. Setidaknya, untuk sementara ini.

# PENUTUP

## MENURUT ANDA,
## SIAPAKAH YESUS ITU?

Setidaknya untuk sementara waktu.

Itu tidak hanya bersifat retoris. Kenyataannya, tangan Raja Yesus tidak akan diulurkan dengan belas kasihan selamanya. Suatu hari nanti, mungkin segera, hari-hari belas kasihan itu akan berakhir dan datanglah hari penghakiman. Yesus berjanji, pada waktu ajal-Nya di kayu salib semakin mendekat, bahwa suatu hari nanti Ia akan kembali untuk menghakimi umat manusia sekali untuk selamanya. Hari-hari keselamatan dan belas kasihan hanya selama itu, dan itu berarti bahwa suatu hari nanti, Anda tidak lagi mempunyai pilihan. Keputusan akan dijatuhkan bagi Anda, dan Anda mungkin akan dibuang dari Allah, dari Yesus, selamanya.

Itulah sebabnya penting bagi Anda untuk memberi jawaban terhadap pertanyaan, *siapakah Yesus itu?* sekarang. Saya berharap setelah membaca buku ini, Anda menyadari bahwa itu bukan pertanyaan yang bisa diabaikan. Apa pun pemikiran Anda tentang Yesus, kenyataannya, Ia memberikan klaim-klaim yang kuat, bahkan memaksa, tentang Anda dan hubungan Anda dengan Allah. Memang, Anda bisa saja mengabaikan klaim-klaim itu—Anda bisa saja mengabaikan apa pun jika Anda berusaha cukup keras—tetapi bila seseorang berkata, "Anda seorang pemberontak terhadap Allah yang menciptakan Anda, dan hukuman atas Anda adalah maut. Tetapi saya datang untuk menggantikan posisi Anda, menerima hukuman itu, dan menyelamatkan Anda," itu sesuatu yang harus Anda perhatikan.

Mungkin Anda belum siap untuk beriman kepada Yesus. Kalau begitu, mengapa tidak? Pertanyaan-pertanyaan lain apa yang Anda punya? Apa yang menahan Anda? Setelah Anda mengenali hal-hal itu, jangan menghindar. Selidiki! Kejar! Temukan jawaban-jawaban terhadap pertanyaan-pertanyaan Anda. Persoalan ini—"Siapakah Yesus Itu?"—amat penting. Jangan mengabaikan atau menyingkirkannya. Jika Anda tiba pada kesimpulan bahwa "Tidak, saya tidak percaya bahwa Yesus seperti yang Alkitab katakan; saya tidak percaya Dia seperti yang Ia klaim," maka jadilah demikian. Setidaknya ada keteguhan hati di situ.

Namun, kawan, inilah yang saya mohon: jangan nanti terjebak pada momen penghakiman di masa depan dan berkata, "Seharusnya saya memikirkan hal itu secara saksama; seharusnya saya mengejarnya; seharusnya saya mengambil waktu untuk menemukan jawabannya." Pada hari terakhir itu, setiap penyesalan yang lain tidak akan ada apa-apanya dibandingkan penyesalan yang satu itu.

Di sisi lain, mungkin Anda telah siap untuk berkata, "Ya, saya benar-benar berpikir bahwa Yesus adalah Raja, Anak Allah, Hamba yang Menderita. Saya tahu bahwa saya orang berdosa dan pemberontak terhadap Allah, dan saya tahu bahwa saya layak mendapatkan maut karena pemberontakan itu, dan saya tahu, Yesus dapat menyelamatkan saya." Jika demikian, maka Anda perlu tahu bahwa menjadi seorang Kristen bukanlah hal yang sulit. Tidak ada ritual yang harus dilakukan, tidak ada mantra yang harus diucapkan, tidak ada sumbangan khusus yang harus diberikan. Anda hanya perlu berbalik dari dosa-dosa Anda, percaya kepada-Nya, dan bersandar kepada Dia yang dapat menyelamatkan Anda.

Kemudian, Anda beritahukan berita itu kepada dunia: *Inilah* sesungguhnya Yesus itu. Dia menyelamatkan manusia seperti saya; dan seperti Anda.

# APAKAH GEREJA ANDA SEHAT?

*9Marks ada untuk memperlengkapi para pemimpin gereja dengan pemahaman Alkitab dan berbagai sumber daya praktis untuk menyatakan kemuliaan Allah kepada segala bangsa melalui gereja-gereja yang sehat.*

Untuk bisa mencapai itu, kami ingin membantu gereja-gereja menumbuhkan sembilan tanda gereja yang sehat yang seringkali diabaikan:

1. Khotbah eksposisi
2. Pengajaran tentang Injil
3. Pemahaman Alkitab tentang Pertobatan dan Penginjilan
4. Keanggotaan Gereja yang Sesuai Alkitab
5. Disiplin Gereja yang Sesuai Alkitab
6. Perhatian terhadap Pemuridan dan Pertumbuhan yang sesuai Alkitab
7. Kepemimpinan Gereja yang Sesuai Alkitab
8. Pemahaman Alkitab tentang Praktik Berdoa
9. Pemahaman dan Praktik Alkitab tentang Misi

Di lembaga 9Marks, kami menulis artikel, buku, review buku, dan jurnal daring. Kami mengadakan konferensi, mencatat wawancara dan menghasilkan berbagai sumber daya lain untuk memperlengkapi gereja-gereja agar bisa menyatakan kemuliaan Allah.

Kunjungi website kami untuk mendapatkan tulisan-tulisan **dalam 40+ bahasa** dan daftarkan diri Anda untuk menerima jurnal daring kami secara cuma-cuma. Baca daftar lengkap website kami dalam bahasa lain di sini: **9marks.org/about/international-efforts**

**9marks.org**